本研究得到扬州市职业大学优秀青年骨干教师项目资助，是由市省教改课题《基于移动互联网环境下外语课程资源建设与应用》（2019JSJG649）的阶段性研究成果。

现代英语教学资源的开发与应用研究

钟 歆 著

北京工业大学出版社

图书在版编目（CIP）数据

现代英语教学资源的开发与应用研究 / 钟歆著． —
北京 ：北京工业大学出版社，2021.9
　　ISBN 978-7-5639-8132-8

　　Ⅰ．①现… Ⅱ．①钟… Ⅲ．①英语－教学研究－高等
职业教育 Ⅳ．① H319.3

中国版本图书馆 CIP 数据核字（2021）第 201294 号

现代英语教学资源的开发与应用研究
XIANDAI YINGYU JIAOXUE ZIYUAN DE KAIFA YU YINGYONG YANJIU

著　　者：钟　歆
责任编辑：李倩倩
封面设计：知更壹点
出版发行：北京工业大学出版社
　　　　　（北京市朝阳区平乐园 100 号　邮编：100124）
　　　　　010-67391722（传真）　bgdcbs@sina.com
经销单位：全国各地新华书店
承印单位：唐山市铭诚印刷有限公司
开　　本：710 毫米×1000 毫米　1/16
印　　张：9.5
字　　数：190 千字
版　　次：2023 年 4 月第 1 版
印　　次：2023 年 4 月第 1 次印刷
标准书号：ISBN 978-7-5639-8132-8
定　　价：60.00 元

作者简介

钟歆，女，1983 年 1 月生，江苏扬州人，教育学硕士。现为扬州市职业大学公共英语教学部 II 部主任、外国语学院讲师。主持校级及以上课题 4 项、横向课题 2 项，参与省级课题 3 项、国家级课题 1 项；在省级刊物上发表论文 9 篇；主持校级在线课程 1 项，参与省级在线课程 1 项。曾获得 2020 年全国职业院校技能大赛教学能力比赛江苏赛区二等奖、2018 年江苏省高等职业院校信息化教学大赛信息化教学设计项目二等奖、2015 年江苏省高等职业院校信息化教学大赛信息化教学设计项目三等奖、校级教学比赛一等奖两次。目前主要从事公共英语教学与研究工作。

前　言

在人类文明的发展历程和具体的生产实践中，语言是人际交往的重要工具，与每个个体息息相关。但是，提及语言，人们对它的了解和认识大多比较浅显，且缺乏系统性。事实上，语言不仅是工具，还是一门学科，它的背后还有自身系统知识与理论的强有力支撑。步入当代，英语教学研究在我国成为一个广受关注的领域。相应的，大学英语特别是高职英语教学的研究视野也伴随着时代的发展开始从微观世界转向宏观世界。

教学资源是有效实施英语教学的重要保证。随着教育改革的不断深入和现代教育技术的迅速发展，英语教学资源的种类不断增多，如何利用现代信息技术开发与应用教学资源越来越受到各级教育部门的关注。合理利用现代信息技术，一方面，可以减轻教师工作负担，提高教学效率；另一方面，可以激发学生学习兴趣，发挥学生在学习过程中的主体作用。本书对英语教学的历史、现状和问题进行概述，同时对现有的英语教学资源进行归纳和整理，重点阐述教材资源（文本资源）、数字化资源、文化教育资源等教学资源的开发理论和应用实践，旨在运用英语教学资源促进学生英语学科核心素养的发展，同时，本书举例多与高职英语结合，以求以小见大，为其他高职院校有效地开发与应用英语教学资源提供一定的借鉴。

本书共五章。第一章为英语教学概论，主要从四方面进行介绍，分别为英语教学及其理论基础、英语教学发展历程和英语教学方法回顾、信息时代下的英语教学改革、我国高职院校英语教学存在的问题；第二章为英语教学资源概述，主要从三方面进行介绍，分别为教学资源概述、英语数字化教学资源、英语教师资源；第三章为英语教材资源的开发与应用，主要从五方面进行介绍，分别为英语教材概述、英语教材的开发、英语教材资源开发的目的与途径、英语教材评价、高职院校英语教材概述；第四章为英语数字化教学资源的开发与应用，主要从六方面进行介绍，分别为移动学习资源、应用软件资源、微课资源、英语教学资源库、多模态教学资源、翻转课堂教学资源；第五章为文化教育资源的开发与应用，主要从两方面进行介绍，分别为课程思政资源的开发与应用、中国传统文化资源的开发与应用。

在撰写本书的过程中，笔者得到邵红万教授的帮助和指导，在此表示真诚的感谢。本书内容系统全面，论述条理清晰、深入浅出，但由于笔者水平有限，书中难免会有不足之处，希望广大读者批评指正。

目　录

第一章　英语教学概论

本章内容为英语教学概论，主要从四方面进行介绍，分别为英语教学及其理论基础、英语教学发展历程和英语教学方法回顾、信息时代下的英语教学改革、我国高职院校英语教学存在的问题。

第一节　英语教学及其理论基础

一、英语教学的内涵

（一）教学的含义

教学与教育互相关联。站在学生的角度，学生通过教师指导来学习，这一过程就是教学；站在教师的角度，教师对学生的学习进行引导，这一过程就是教学。从广义上来说，某种教育活动可称为教学。这些教育活动都是教师有目的、有计划、有组织地对学生的学习产生积极影响的过程。教学能否产生积极影响是以学生的学习能力及水平能否得到提升为标准的。教师教学生为教学，这是一个学生学习知识并实现德、智、体、美、劳全面发展的过程；是教师与学生进行交流互动的过程；也是教师教学生全面发展各项能力、学习知识、掌握技能以及培养积极乐观向上的性格的过程。学生主导、教师引导的这一互动活动称为教学。在教学活动中，学生为主要方面，教师为次要方面。当然，只有调动学生学习的积极性、提高教师教学的计划性，实现教学统一，教师与学生共同参与的教学活动才能称为优质教学。

学科有差异教学目标也会有差异，而且其会由于单元、活动、教材、学段、学年等因素的不同而具有较大差异。虽然教学存在一定的差异性，但作为学校教育最主要的活动，它的目标性非常强。

课程内容体现了人们的经验、技能和知识，因此，具体内容是教学活动中必不可少的。另外，教学内容也有显著的层次感。教学在传递技能、知识的同时，也传达了丰富的人类生存经验。

课程计划体现了教学作为具备计划性的系统活动在学校教育当中的作用。这正是历经漫长的发展过程后，教师、学校以及教育行政机构制订的系统性的计划。因此，系统性、计划性是教学的两个显著特征。

历经千年的历史积累，在不断变化与发展中人们总结出了一套独特的教育技术和方法，为实践教学提供了很大帮助。而这套教育技术和方法在现代科技发展的基础上更是成为教学力量的来源，尤其体现在信息技术方面。

总而言之，教师在相应的技术方法的帮助下，根据相应的目的和内容，引导学生学习知识、掌握技能，以及对世界有一个基本认知，促进学生德、智、体、美、劳均衡发展的系统性、计划性活动被称为教学。

（二）英语教学的含义

英语对于我国来说是一种外来语言，在实际的使用过程中还是存在一定困难的。毕竟不是作为母语使用，英语的使用范围还是受到限制的。适合英语学习的环境相对匮乏，影响着我国英语教学水平和学生英语运用能力的提升。

众所周知，英语教育是文化教育和语言教育的结合。语言教育的目的是培养学生语言运用能力。根据英语教育发展史，不难得出这样一个结论：英语知识教学对英语运用能力达到母语水平的学生的英语教育有很大影响。所以，英语教育作为语言教育，对学生的英语运用能力进行培养才是其本质所在。英语的本质和英语教育的本质在中国学生的认知里没有什么不同，教师要想学生的英语运用能力得到有效提升，就要通过英语知识教学的方式来进行英语教育。

英语教学体现的是教学最本质的教育意义，这主要是相对教师和学生来说的。从教师的角度来说，教学是教师对学生的学习行为进行有效指引和帮助的过程；从学生的角度来说，教学则是学生根据教师的指导而进行学习的过程。而检验教学效果是否达到预期目标的标准是学生的综合素质是否得到相应提升和发展。教学涉及教师和学生两个方面的内容，是一种教师教和学生学的双向行为。整体来说，英语教学的基本内涵可以从以下三个角度来理解。

（1）英语教学可以归结为系统性和计划性的完美结合。系统性主要是指英语教学内容的制定者是教育部门、教研机构或者是学校的教学管理者等，英语教学内容不可随意更改。而英语教学的计划性则指的是相关部门应对英语基础知识和相关技能的传递进行规划。

（2）英语教学存在一定的目的性。英语教学在我国的开展是分有不同阶段的，而不同阶段所要达到的目标也是不同的。

（3）英语教学活动的开展需要恰当的教学方法的支持。英语教学在中国经历了长时间的发展，形成了一套行之有效的教学方法。再加上如今科技的发展和教学设备的不断更新，为英语教学方法的发展提供了技术支持。

因此英语教学的内涵可总结为，教师在特定的教学目标和教学目的的推动下，经过系统性计划，在相关的技术和方法的基础上对英语知识进行传授，从而有效促进教师的教和学生的学统一。

同时，英语教学所体现出来的意义远远超过了语言教学的范畴，更侧重文化教学。以下就分别从语言教学和文化教学两个方面来进行阐述和说明。

首先，英语教学属于语言教学范畴。英语属于语言种类，是一种交际手段。根据这样的论述，我们将对英语进行的一切教和学的过程称为语言教学也就不足为奇了。其实不难理解，语言教学是以实现学生对语言的准确掌握和正确使用为最终目的的。英语对我们来说是外来语种，是作为第二语言进行学习的，所以英语的教学也可以称为外语教学。纵观人类外语教学的发展史，任何一种外语在进行教学的过程中都与知识教学的开展有着密切的联系，因此外语基础知识的积累对开展外语教学来说意义重大。从这个角度来说，以英语教学为基础的语言教学的目的就是要使学生具备运用英语的能力。不过，我们需要认识到那些不是以使用为目的而是以语言知识为基础进行的研究行为是不属于语言教学范畴的。特别是如今一些已经不再使用的语言形式，如古汉语，对于这种语言的学习和我们通常理解的语言教学是完全不同的概念，因此要将二者进行区分。

其次，英语教学属于文化教学范畴。自古以来，语言的产生和文化就有着不可分割的关系，语言是以文化为基础产生的，同时又承载和反映着文化。因此在对学生进行英语教学的过程中，教师不仅要让他们对基础的语言知识有一个基本的掌握，同时还要注重对他们的英语思维能力的培养和锻炼，从而提高他们综合运用语言的能力。如果是从这个层面来对两者进行理解的话，语言教学和文化教学在某些程度上是一致的。

二、英语教学的要素

英语教学的组成要素是非常多的，构成了一个复杂的系统。为了更好地进行区分，本书将众多英语教学要素划分为实体的与非实体的两部分。

（1）实体角度。从这个角度来划分的话，英语教学要素主要有教师、学生、教学媒介等方面。由于英语的外来性，所以英语教学活动的开展需要依附于英语教师这一媒介。学生在进行英语学习时需要英语教师的指引，因此英语教师对学生来说至关重要，并且直接影响着学生的英语水平。在这一教学过程中，学生是整个过程的主体部分，是构成教学系统的最基本的要素。教学媒介包括教材、教具和其他一系列对英语教学有辅助性作用的工具，它们是影响和保证教学质量的重要方面。

（2）非实体角度。从这个角度来划分的话，英语教学要素所涉及的内容是多方面的，主要有教学的内容、方法、目标、评价，教师的教学水平，学生的学习能力、思想水平，以及学校的校风等。

不过，在对英语教学进行研究时，掌握和了解教学要素是一切活动开展的基础。我国传统教学模式由来已久，并且在一定程度上对英语教学的发展进程产生了阻碍作用。英语教师将侧重点放在了学生基础知识的传授方面，却相对降低了对学生综合英语水平的重视程度。学生在教学要素的构成中占有重要地位，教师应认识到教学改革过程中学生的主体作用，这对整个英语教学体制改革是有利而无害的。

三、英语教学的理论基础

（一）行为主义理论

行为主义诞生于 20 世纪 20 年代，由美国心理学家华生提出。华生研究的重点放在了动物和人的心理这个重要方面。他比较注重客观事实，于是主张直接观察到的行为也要用客观的方法来进行研究。华生认为人和动物的行为在某些方面具有很大的一致性，那就是刺激和反应。心理学所研究的只是局限于表面的刺激如何引起和决定反应的发生，而没有深究产生这种行为的内部过程是怎样的。华生认为动物和人一样，所有复杂行为的产生都是其在一定外部环境的作用下通过学习实现的。基于这种理论他提出了著名的刺激－反应（S-R）公式，也就是行为主义心理学的公式。

该理论主张学习是一个人的外在可见行为表现。学习行为的产生依赖于一定的外界刺激，学习者对这些外界刺激做出反应便产生了相应的行为，我们将这些行为称为学习行为。后来行为主义理论得到了人们的普遍认可，被广泛应用于教育实践当中。该理论要求教师引导学生的学习行为并矫正学生的不当行为，要努力为学生创设适于学习的环境。教师也要看到学生的闪光之处，要最大限度地强化学生适当的学习行为，相对减少其不适当的学习行为。但是，行为主义理论也存在一定的弊端，即将教师的作用看得过于重要。该理论强调，教师在教学中占据着主导地位，而学生是教师灌输知识的对象，教师的职责就是向学生传授知识，而学生只要根据教师的教导消化和吸收所学知识即可。因此行为主义理论并不注重学生学习的主动性和创造性，这会在很大程度上抑制学生的创造天赋。

早期的行为主义还不够成熟，对语言和言语行为的研究还没有通过科学的实验方法进行有效验证，不过 S-R 公式对后续结构主义语言学的产生起到了重要作用。其中值得一提的就是美国语言学家布龙菲尔德代表作《语言论》的产生就与 S-R 公式密不可分。布龙菲尔德在书中采用了"杰克让吉尔摘苹果"的例子来对 S-R 的语言行为模式展开进一步的说明。在具体的论述过程中，他特别注重对声音 S-R 语言行为的研究，认为 S-R 是物理的声波，并将其引用到实际的语言教学过程中。简单来说，就是在语言教学过程中，首先由教师对学生进行声音刺激，然后学生根据声音刺激做出相应反应。

同样，对华生的行为主义进行了相应的继承和发展的还有美国学者斯金纳。1957 年，他出版了《言语行为》一书，认为言语都不是主动生成的，而是在外界的某种刺激的作用下产生的。这里所说的"某种刺激"并不是一个特定指向，而是既有外部的因素也有内部的因素。同时，言语行为不断得到强化的过程也正是学生获得适合的语言知识的过程。我们可以理解为，如果没有强化作用的存在，学生也就无法获得相应的语言知识。

行为主义和听说法在一定程度上存在着一致性。从某个角度来说，听说法的建立与行为主义中的语言学习理论的支持是分不开的。语言的学习和掌握是一个复杂的过程，即刺激—反应—强化，不是一蹴而就的。这反映到实际的教学过程中就是学生需要根据教师的讲授而做出自己的反应，以表示讲授过程是有效的。而此时教师的责任就是对学生的这一反应进行进一步的强化，然后根据学生的反应进行分析和判断，最后选出正确的反应并使其反复出现。还有需要注意的就是，教师在教学过程中要特别注意培养学生良好的学习行为，而对那些不良的行为要进行及时指正。

（二）人本主义学习理论

人本主义于20世纪五六十年代在美国兴起，在20世纪七八十年代迅速发展。人本主义学派十分注重实现人的自我价值，强调创造力、自身价值和人的尊严，认为实现人的本性就是发挥其自身的潜能，人的潜能实际上就是人的本质。人的心理和本质具有一致性是人本主义的重要发现。该学派的主要代表人物是美国社会心理学家马斯洛和罗杰斯。人本主义的教学观是建立在其学习观的基础之上的。罗杰斯认为所有能够向别人传授的知识都是没有用的，这种观点是人本主义的学习观。只有人自己主动发现并且消化吸收的知识，才能够对自己的行为产生影响。所以，教学可能是没有意义的，甚至还可能是有害的。教师所要做的并不是向学生传授知识，也不是引导学生掌握学习方法，而是将各种有用的资源提供给学生，营造一种有益于学生学习的氛围，到底如何展开学习则应当由学生自己来决定。然而，人本主义学习理论也有不足之处，该理论的缺陷在于：片面强调学生的天赋潜能作用，忽视环境与教育的作用；过分强调学生的中心地位，忽视了教育与教学的效能；过于突出学生个人的兴趣与爱好，低估了社会与教育的力量；低估了教师的作用。

（三）布鲁纳的"认知－发现"说

20世纪60年代美国最有影响力的认知学派代表人物布鲁纳接受并发展了瑞士心理学家皮亚杰的发生认识观点，提出"认知－发现"说。他认为，学生所处的环境会影响他的心理状态，而他的心理状态也会对环境产生反作用，但实际上学生的心理状态最主要还是会受到他所特有的认识程序的影响。帮助学生实现认知的成长是教学的宗旨。教师的主要职责就是要熟悉学生的现状，并且把知识转换成学生容易接受的形式传授给他们。所以布鲁纳倡导教师和学生采用发现学习的方法，以下是这种学习方法的特点。

（1）强调学习过程。在教与学的过程中，学生应该扮演的是一个积极主动的知识探寻者的角色。教师的任务就是要营造一种益于学生去独立探寻知识的氛围，而不是仅仅将既定的知识灌输给学生。教师授课并不是要把一个小图书馆填充到学生的头脑中去，而是要引导学生掌握自学的方法、习惯于去独立思考问题、主动参与到获取知识的过程中去。认识是一种学习的过程，而不是学习所创造的一种产品。布鲁纳认为，在学习的过程中，学生应当成为一名面对知识积极而主动的探寻者，而不应仅仅是一名消极而被动的接受者。

（2）强调直觉思维。发现法不仅对学习的过程比较重视，还非常关注直觉思维在学生学习过程中的重要性。布鲁纳指出，直觉思维并不一直是按照规定好的步骤进行的，而是经常以一种越级的、跃进的方式，通过捷径来进行的，这一点与分析思维有着本质上的不同。事实可以证明，在科学发现的相关活动中，直觉思维更为重要。言语类的信息或者是教师指令性的语言文字并不会使学生直接形成直觉思维。直觉思维的形式和本质通常是图像或者是映像。因此在教学的过程中，教师应当引导学生先做后说，起码要边做边说，以帮助学生通过探寻活动来形成丰富的想象力，避免语言化过早出现。

（3）强调内在动机。布鲁纳认为，教师应当促使学生从内部产生学习的动机，或者将外部的动机转变成内部的动机。学生的好奇心和热情会被发现活动调动和激发，好奇心能够驱使学生以极大的热情去探究未知的东西，所以他把学生的好奇心称作"学生内部动机的原型"。他指出，相比让学生把与同学的竞争作为动机，还不如让学生向自己发出挑战。因此，他认为，要想使学生主动建立起学习的动机，就要先让学生有提高自己才能的欲望，也就是驱动力，这样才能使学生学习的效率得到明显提高。

（4）强调信息提取。布鲁纳指出，人类保持记忆力首先要解决的问题是提取，而不是储存。虽然这是从理论的角度来讲的，但对学生的要求也是如此。原因在于学生在学习的过程中，需要在没有外因作用的前提下独立提取相关的信息。在一项实验中，布鲁纳让一些学生学习 30 对单词，要求一组学生记住单词以后要复述；而要求另一组学生把每对单词造成句子。结果发现，后一组学生能复述其中的 95%，而前一组学生的回忆量不到 50%。由此可知，学生组织信息的方式直接影响着他提取信息的效果。每当学生参与一项发现事物的相关活动的时候，他肯定会以一些特定的方式来组织这些信息，这个过程会对他的记忆产生积极的作用。

（四）多元智能理论

20 世纪 80 年代认知心理学家加德纳所提出的多元智能理论，定义智能是一种创造的能力，是在特殊的情境下解决问题的能力。加德纳将人的主要智能归纳为以下几种：自然观察智能、运动智能、内省智能、空间智能、音乐智能、人际交往智能、逻辑－数理智能、语言智能。他创造了一种新的理念，即"智能本位评价"，这种理念进一步拓展了学习评估的基础。他倡导的"情境化"评估方式改变了过去传统教育评估的一些方法及功能。加德纳主张的是多元智能理论，这种理论颠覆了传统的"一元智能"理论。当下我国高校正在进行大规模的教学改革，很多教师都在探寻对学生进行评价的新方法，这种理论就具备了较高的借鉴价值。

在多元智能理论中，所有人都是聪明而智慧的，但这种聪明的性质以及范畴是有所区别的。每一个学生都有其自身的价值和作用，这种差异不应当成为教育过程中的负面因素，而应当成为一种独具价值的资源。教师不能像过去一样用一把尺子测量所有的学生，要始终用一种欣赏和发现的目光去看待每一个学生，把所有的学生都视作天才，积极地、有针对性地去挖掘学生的潜力，帮助所有的学生成为人才。

在教学方法的选择上，多元智能理论主张教师要仔细分析每一名学生的智力优势和弱势所在，有针对性地制定具体的教学方法。教师应当对学生间的差异保持一定的敏感度，正确对待这些差异，并且利用这些差异来确定具体的教学模式，努力开发学生的潜能，让每一个学生都能成为一个优秀的人。

关于教育的目标，多元智能理论认为教师并不需要把每一名学生都培养成全面的人才，而应当根据每一名学生的不同特点和情况来帮助他们确定最适合自己的发展方向。实际上它的意思就是避免让大量的学生去挤一座独木桥，也并不是多建几个可以过河的桥，而是为每个学生建造一座适合他自己的桥，让他们寻找到各自适宜的位置。教育的意义其实有两个方面：一是为社会培养有用的人才；二是要解放和发展人的自身。教师不应再像过去一样刻板地备课、机械地上课、简单地完成教学任务，而应当从学生的本真角度出发，注重对他们潜能的开发，让他们得到全方位的发展。教师要不断对教学的形式以及教学的环节进行调整，发掘学生多方面的智能潜力。教师可多采取小组的形式来引导学生进行合作式的学习及讨论，这样对培养学生的人际交往能力有着积极的促进作用；还应当注重引导学生进行课后反思，提高他们的内省意识和能力，让课堂变得活泼有趣、富有吸引力，始终保持学生在课堂上的主体地位。

（五）建构主义理论

建构主义的最早提出者可追溯至瑞士心理学家皮亚杰。他是认知发展领域最有影响力的心理学家之一，他所创立的关于儿童认知发展的学派被人们称为"日内瓦学派"。皮亚杰的理论充满着唯物辩证法，他坚持从内因和外因相互作用的角度来研究儿童的认知发展。他认为，儿童是在与周围环境相互作用的过程中，逐步建构起关于外部世界的知识，从而使自身认知结构得到发展的。建构主义理论的一个重要概念是图式。认知发展受三个过程的影响，即同化、顺化和平衡。

建构主义理论的基本内容可从"学习的含义"（即关于"什么是学习"）与"学习的方法"（即关于"如何进行学习"）这两个方面进行说明。建构主义理论提倡在教师指导下的、以学习者为中心的学习，也就是说，它不仅关注学生的认知主体的作用，而且对教师所发挥的指导作用也并未忽视。教师的作用并不是向学生传授和灌输知识，而是帮助和引导学生寻找学习的意义。学生应当成为信息的加工者和意义的建构者，而不应成为被动地接受知识的对象。以下是建构主义学习观所持的观点。

（1）学习是学生自主汲取知识的一个过程，并不是由教师机械性地传授知识的过程。学生不应该始终处于被动地接收信息的地位，而应当积极主动地寻找学习知识的意义，这个过程必须由每一个学生亲力亲为，别人无法替代。

（2）学习的过程应当成为学生主动建构意义的过程，学生不能只简单被动地接收一些信息。学生需要在自己的经验基础上，有选择地对外部的一些信息进行加工和处理，从中寻找属于自己的意义。外部的信息对于每一个人一开始并不具有特别的意义，之所以会具有意义，是因为学生自己旧的知识和新的知识会反复相互作用，在这个过程中学生会建构成相关的意义。学习并不是简单的刺激－反应过程。

（3）学生获得学习意义的过程：学生先要掌握一定的知识和经验，在此基础上对新的知识和信息进行重新加工、重新编程、重新认识，形成自己的理解。学生原有的知识也会因为新知识的融入而发生整合和改变。

（4）学生的认知结构会通过两种途径发生改变，一种是同化，另一种是顺应。同化指的是学生的认知结构发生的量的变化，顺应指的是学生的认知结构发生的质的变化。同化和顺应会形成一个往复的循环，这两个过程会在平衡与不平衡的状态下交替出现，这就是人认知的过程。简单机械的信息积累并不是真正的学习，真正的学习是新的知识及经验与旧的知识及经验的冲突与递进，从而使认知的结构进行重组的过程。所以说，学习并不是一个简单的信息录入、保存和提取的过程，而是学生掌握的新的知识与旧的知识之间相互冲突、相互作用的一个过程，也可以说是学生同其所处的学习环境互动的过程。

第二节　英语教学发展历程和英语教学方法回顾

英语教学一般包含英语课程、教材、教学方法等要素。为了深入研究教学资源的开发，本节对我国英语教学发展历程和英语教学方法进行回顾，以吸取历史的经验与教训。

一、我国英语教学发展历程回顾

（一）英语课程的发展历程

20 世纪初，清政府委任张百熙等拟定的《钦定学堂章程》（又称"壬寅学制"）和 1904 年发布的张之洞等拟定的《奏定学堂章程》（又称"癸卯学制"），是最初的全国通用的学制。

民国初期，政府和民间的国际交流密切，中方人员赴欧美考察和接受教育，留学归国人员的影响力凸显。以蔡元培、胡适、蒋梦麟、陶行知等为代表的留欧美学者取代留日学者在教育界发挥引领作用。1919 年至 1922 年，全国教育会联合会及各省教育组织多次召开会议，讨论学制改革问题，美国教育家杜威、孟禄参与了学制改革的研讨。1922 年 9 月，教育相关部门召开全国学制会议。该会议由蔡元培主持，制定了新学制草案，后经数次修改，同年 11 月《学校系统改革案》正式发布，史称"新学制"，又称"壬戌学制"。

中华人民共和国成立初期，百废待兴，新的教育体制还来不及建立，一切都在摸索中前进。而外语教育方面有三个"不确定"：一是学制不确定，中小学实行十年制、十二年制还是九年制一直有争议；二是语种比重不确定，先是俄语升温、英语降温，后是俄语降温、英语升温；三是外语起点不确定，小学不开设外语课，1954—1956 年初中曾停设外语课，仅从高中起开设外语课，后又在初中开设外语课。在这一时期，教育部曾发布三个课程方案：1951 年的《普通中学英语科课程标准草案》、1956 年的《高级中学英语教学大纲（草案）》和 1957 年的《初级中学英语教学大纲（草案）》。1956 年的草案虽然是高中大纲，但英语学习也是从零开始的，三年仅要求学生学会 1500 个单词。1951 年的课程标准草案要求较高，可是没有得到很好的贯彻。

20 世纪 60 年代初，我国教育进入调整与发展时期，开始强调提高教学质量，英语教育也受到了重视。1972 年后，英语教育开始受到重视。改革开放以后，我国迎来了英语教育跨越式的发展。

（二）英语教材的发展历程

清末时期，学堂使用的英语教材多为从国外引进的版本加以编译后出版的书。1862 年成立的京师同文馆使用的教材大多是英文原版教材。京师同文馆除了要求学生大量阅读与翻译原版文章和书籍之外，还组织学生参加外交谈判、出国交流或直接参与驻外使馆的翻译工作，以提高学生的口头翻译能力。京师同文馆的考试内容也以汉译英为主。

1895 年，甲午战争的失败使洋务运动遭受了重大挫折。随后，轰轰烈烈的维新运动虽遭镇压，但对传统封建教育的冲击是深刻的，废科举、废八股、兴学堂、开民智、办学会、办报纸等活动盛行。兴办的中西学堂也重视英语，采用的教材多是由英语原版书编译而来的，但越来越多地用中国本土的出版社出版。这一时期的英语教材大多也是采用语法翻译法编写的。1898 年，商务印书馆出版了谢洪赉注译的《华英初阶》，这是我国第一本英语教材，使用甚广。此后，随着图书编译局的设立，学校自行选择的英语教材越来越多。

民国年间，全国各地学校使用的英语教材并不统一。英语教育处于发展时期，英语教材名目繁多。据统计，到 20 世纪 30 年代，仅商务印书馆编辑出版的外语书籍就有 400 余种。

1912 年 9 月，《审定教科用图书规程》公布；1915 年，教科书编纂处设立；1923 年，撤销编纂处，另设图书审定处；1925 年，又改审定处为编审处，另设编译处。1937 年，教育行政委员会设立教科书审查委员会，并公布教材图书审查条例，各出版社根据课程标准争相编辑出版英语教材。

抗日战争爆发后，教材供应不足，普遍出现书荒。许多地方甚至让学生抄书。民国初期正值五四运动后西学输入的旺盛时期，英语的重要性不言而喻。学校英语课程学分高、课时多、要求高。当时，受欧美直接教学法影响，语法翻译法遭受抨击。为了使英语教学达到课程纲要的要求，以张士一为首的英语教育家积极宣传直接教学法，并编写教材推行直接教学法。

1912 年到 1933 年，由于学制和语种开设比例变化不定，教学大纲难以顺利贯彻，教材频繁改变，可以说是十年九变。1950 年 8 月，教育部颁发了《中学暂行教学计划（草案）》，规定中学开设英语或俄语课，小学不开设外语课。1951 年，教育部发布了《普通中学英语科课程标准草案》，但没有编写统一的教材，教材由各地自行决定采用。当时中学采用的英语教科书有丁秀峰编的《新编初中英语》和北京市中等学校英语教材编选委员会编的《高中英语课本》，还有经过修订的中华人民共和国成立前出版的英语课本，如《标准英语读本》（林汉达编）和《标准高级英文选》（李儒勉选辑）等。

1954年4月，教育部下发《关于初中不设外国语科的说明的通知》，加之"俄语热"，英语教育落入低谷。但是，1956年出现了转折。1956年1月，中共中央号召大家向科学技术进军，提出了必须扩大外国语教学的范围，并且加强外国重要书籍的翻译工作的要求。由此人们提高了对英语课的重视程度。1956年和1957年，教育部先后颁布了《高级中学英语教学大纲（草案）》和《初级中学英语教学大纲（草案）》。根据大纲精神，教育部责成北京外国语大学组织教师编写了供全国使用的高中英语课本和初中英语课本。

1958年，教育界掀起了"教育大革命"，我国开始计划实施九年一贯制教育。1956年以前，各校教材基本上是自由选用的。1956年以后教材逐步统一。每套教材的编写时间都很紧迫，除1963年的教材以外，几乎没有时间开展调查研究。当时，编写人员多为高等院校的教师，他们一般缺乏中学教材编写经验，因而各册之间、初高中之间不能很好衔接，分量、内容也不完全合适。最令人揪心的是，往往一套教材还未用完一轮就又要改编或重编，结果是边编、边用、边改，这样就很难积累教材编写和教学的经验。

张正东先生对这个阶段的英语教材和教学所使用的方法做过评论，他认为："这个时期的教学方法从理论上讲，一般都归属为语法翻译法，因为教材是严格按照语法的学习顺序编写的。"20世纪50年代，我国学习苏联批判了直接法，在一定程度上接受了苏联自觉对比法。然而，纵观课程教材研究所编的《新中国中小学教材建设史1949—2000研究丛书·英语卷》，我们可以大体分析出1966年前人民教育出版社自编教材所遵循的教学原则。近些年，我国学者对教材，特别是对各历史时期教材的研究越来越重视，取得了丰硕的研究成果。除石鸥主编的《新中国中小学教科书图文史·外语》外，课程教材研究所在2010年完成了《新中国中小学教材建设史 1949—2000 研究丛书》。后来，课程教材研究所又开展了"十二五"期间国家社科基金重大项目——中国百年教科书整理与研究。人民教育出版社图书馆还创立了第一个中国百年中小学教科书全文图像库，便于学者快捷有效地检索清末以来出版的教科书。李良佑在其编著的《中国英语教学史》中介绍了他对清末和民国时期的英语教科书做了调研。陈自鹏著的《中国中小学英语课程教材教法百年变革研究》对百年来英语教材的分析极为详细。2004年，张英著的《启迪民智的钥匙：商务印书馆前期中学英语教科书》对商务印书馆前期中学英语教材做了一番梳理。

（三）二语习得的发展历程

我国对于二语习得理论的研究相对于国际上其他国家来说，开始得算是比较晚的，这也就造成了其研究成果与其他先起步的国家相比有很大差距，其实这与我国的发展历史是有一定关系的。在相关理论的支持下，我国二语习得理论的相关研究可分为以下三个阶段。

1. 1984 年到 1993 年期间

这一时期，学者对二语习得理论的研究还处于初级阶段，关注的主要是介绍、探讨和初步应用等方面。我国开始真正意义上的二语习得理论的研究是在 20 世纪末。1984 年，当时北京外国语大学胡文仲教授的文章"语言习得与外语教学——评价克拉申关于外语教学的原则和设想"在《外国语》的第一期上发表，这在当时引起了极大的轰动，胡文仲教授可以说是我国研究二语习得理论的第一人，这标志着我国开始正式进入了二语习得理论的研究阶段。

从这以后，我国有关二语习得理论研究的文章出现在国内的各大期刊上，该理论迅速传播开来。这一时期的研究内容主要包括中介语研究、二语学习的相关因素等方面。

2. 1994 年到 2004 年期间

这一时期是我国的二语习得理论研究平稳发展和趋于完善的阶段，到了这一时期，我国的二语习得研究已经取得了相应进步，可以说已经比较完善了，研究内容主要涉及以下四个方面：

（1）研究类别向外进行扩张，主要包括理论和实际应用两个方面；

（2）研究方法多样，包括思辨式、经验型文献研究和逻辑式、更具科学化的实用性研究。

（3）研究层面提升，我国二语习得的相关研究开始的时候只是停留在语素、语音、语法这三个层面，到了这一时期逐步向话语和应用的方向发展。

（4）研究对象得以发展，并且有关的学术研讨会还专门设立了相关的二语习得研究专题。

这一时期，有关二语习得理论的文章相继发表，而且高校还专门设立了相关的课程供大家学习，这使得我国有关二语习得理论的研究又上了一个新台阶。

3. 2005 年至今

2005 年发展至今，我国有关二语习得的研究也在不断进步和发展，不再是过去单纯地存在于认知方面了，而是逐渐向认知与社会文化相结合的研究方向进行转移。社会文化理论的发展同时为二语习得理论的研究提供了帮助。分析我国二语习得理论的相关研究和取得的成果，我们发现我国学者的相关理论对国际上二语习得研究的发展也做出了一定贡献。只不过我们需要认识的是，该领域的很多问题还没有得到根本解决，而且将来一定还会遇到更多的困难，因此我们需要更加努力地进行探索和研究。

二、英语教学方法回顾

教材对教学的影响突出地反映在教学方法上，而教学方法对教材的编排又起着举足轻重的作用。在西方，兴起于 19 世纪的教学方法研究一直十分活跃。200 年来，一些教学方法传承下来，不断演进；另一些创新的方法也不断涌现出来，形成了多元并存、百花齐放的局面。学者理查兹和罗杰斯合著的《语言教学的流派》一书描述和分析了这段历史长河中具有代表性的语言教学方法。学者周流溪在《中国中学英语教育百科全书》中也对教学方法做了详细的介绍。这里仅简要介绍其中对语言教材编制影响较大的教学方法。各种教学方法大体按其出现时间的先后顺序排列。

（一）语法翻译法

语法翻译法源于 16 世纪，当时拉丁语处于重要地位，而法语、意大利语、英语也开始受到重视，逐渐成为语言交际的主要载体。学生学习古典名著必须学习拉丁语，而当时的教学主要靠语法翻译法来进行。语法翻译法的主要特点：用母语教学，很少用目的语；用词汇表孤立地教授大量词汇；对语法现象进行冗长的、精心设计的讲解；提倡阅读艰深的古文，并将课文作为分析语法和翻译的练习材料；很少注意语音。语法翻译法对教师的要求不高，使用简便，虽然不断受到批判，但一直沿用并未中断。19 世纪以后，新的教学法如雨后春笋般涌现，但是直到今天，语法翻译法仍然有生存的空间。

（二）直接法

直接法兴起于 19 世纪末。1899 年，劳登巴赫和德洛贝尔等合著了《活语言教学的直接法》一书，书中最早使用了"直接法"一词。当时，直接法在法国和德国受到了官方认可并得以推广。直接法的特点：用现代语体的故事轶闻或对话教学；不用母语和翻译，用动作或图画辅助做口头陈述，用目的语问答；用归纳法教语法，有了实际体验后才对语法进行概括；阅读文学作品是为了理解和欣赏，不做语法分析；与外语有关的文化也用归纳法进行教学。直接法受到很多学者的赏识，与之相关的一些教学方法有自然法、贝立兹法、自觉实践法等。虽然直接法因完全排斥母语与翻译，遭到了批判并走向没落，但直接法的优点也被后来的教学流派继承了下来。

（三）情境法

情境法有一个发展的过程，早期重在结构情境，后期重在交际情境。由于情境法也出现在许多别的教学方法中，因此有些人认为它不是一种独立的教学方法。可情境法有自身发展的历程，常常被看作是与直接法、视听法、功能法并立的一种方法。20 世纪中叶，英国学者霍恩比首先提出在教学法中具有独立地位的情境法。他将情境法同他的句型系统结合起来，可将其叫作情境和句型教学法，属于结构情境法。与霍恩比同时期的还有加里、冈列特、弗里斯比、庞洛斯等一批英国结构主义派语言学家。到了 20 世纪 70 年代，威多森在《语言情境内容》一书中研究了如何从运用语言出发确定语言功能的基本范围。至此，情境法与功能法就结合了起来。

（四）听说法

听说法是通过耳口训练发展语言口头表达能力的教学方法，20 世纪 50 年代盛行于美国。由于听说法严格建立在结构主义语言学的基础上，习惯上人们也把听说法称作结构法。听说法源于直接法，但理论基础是行为主义，认为"语言学习是一个形成习惯的过程"。着力研究听说法的学者有受布龙菲尔德影响的帕默，还有理查兹和罗杰斯等。

听说法的特点：语言是说出来的，教学以对话为主；语言是一套习惯，要依赖模仿和记忆学习；按顺序安排语法结构，反复操练句型，适时归纳、对比，但不用演绎解释；语言技能按听、说、读、写顺序进行训练；高度重视语音语调；允许教师用少量的母语；极力防止学生出错，强化正确答案；注意所学语言的文化背景，但有重语言、轻内容的倾向。

第二次世界大战期间，美国军方急需外语人才。美国学术团体协会在 1941年制订了语言集中教学计划，并据此编写教材。1942 年，布龙菲尔德应美国语言协会邀请写了《外语实践研究指导纲要》。1943 年，美国 55 所高校用听说法

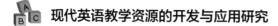

在 9 个月内突击培养了 15 000 名了解各种语言的军人。因此在"二战"期间，语言学家编出了大批语言教材与工具书，使听说法广为流传。

（五）视听法

视听法是视觉感受和听觉感受相结合的教学方法。视听法首创于法国，最先由学者古布里纳在 1954 年提出，后在法国教育部领导下由法语研究推广中心进行实验并编写了视听教材《法国的声音和形象》。视听法在教学中充分利用电化视听设备，取得了良好的教学效果。于是视听法迅速推广到了很多学校，到了 20 世纪 70 年代已普及世界各国。

视听法不仅强调听，还强调看，继承了结构法，注重结构，着眼于整体。该法借助情境把图像与词语结合起来，构成一个言语行为的整体，帮助学生提升听、说、读、写的技能或语言能力。

（六）认知法

在 20 世纪 50 年代以前，人们还是以行为主义理论为基础来对母语与第二语言进行区别和划分的。在这一时期，语言学家也进行了很多研究并发表了一些相关作品。只不过，此时也出现了一些与这些行为观点和理论相悖的言论。

1957 年，乔姆斯基提出转换生成语法，大大动摇了行为主义语言学的地位。同时，布鲁纳的课程论、教学论和皮亚杰、奥苏贝尔等的认知心理学的兴起，催生了认知法。虽然很少有学者以认知法来编写教材，但很多教材编写者认为语言学习是形成规则而非形成习惯，要依靠分析，不鼓励重复操作。认知法不强调语音，但强调语言使用能力；认为读写与听说同等重要，不认为要先听说后读写；认为语言错误不可避免，要进行系统的教学和解释，并对错误进行必要的矫正；不把教师看作绝对的权威，把教师看作学生学习的促进者，并鼓励学生进行小组学习；允许使用母语和进行翻译。认知法也提倡教师使用视听教具进行情境化教学。

这些相悖言论并没有引起社会和大众的足够重视，此时依然还是以行为主义理论为主旋律。这一时期的二语习得理论还处于发展和研究阶段，距离发展成为一门独立学科还需要一定的努力。

（七）功能法

功能法是从语言信息和交际功能出发组织教学的方法，重视语言所能做的事，即传达信息和表达思想，主张以语言功能项目为纲进行训练，而不是只从语言形式入手进行训练。20 世纪六七十年代，欧洲共同体国家原有的外语教育体系已不适应形势的需要，为了解决共同体内部的语言障碍问题，需要培养大批称职的外语人才。

1971 年 5 月，欧洲共同体委员会在瑞士吕施利孔召开座谈会，会议由特里姆负责。学者在会后发表了一批有影响力的功能法文章，并形成了论文集。这些论文阐述了外语习得许多方面的问题，为 20 世纪 80 年代语言课程和语言教材设计奠定了理论基础。

功能法的理论基础主要是语言学，特别是社会语言学，其中有弗斯和韩礼德的功能语言学、威多森的功能教学法、海姆斯的社会语言学等。1972 年，威尔金斯提出了意念大纲；1974 年，范·埃克与亚历山大合编了《成年人现代语言学习入门》。这些为 20 世纪 80 年代的外语教学与教材提供了研究基础。

采用功能法的主要教学原则：综合利用言语交际的要素，即功能、意念、场景、语体、重读和语调、语法和词汇、体态语等；教学过程交际化，以学生为中心，创造真实的交际环境进行活动；将真实的语言材料编进教材或用其进行教学；采用分级的方式安排教学内容，同样的场景由易到难分步循环出现；采用接触—模拟—迁移（自由表达）的教学程序。

运用功能法编制的教材大体有四个类型：纯功能组织，如亚历山大的《生活英语》；结构—功能组织；功能—结构组织，如阿诺德与哈默著的《高级口语技巧》；"题材范围"编排系统，如亚历山大的《主线》和《跟我学》等。

（八）交际法

交际法是更注重交际操作的一种功能法，也可称为"交际教学途径"。1978 年，蒙比发表《交际大纲设计》，威多森发表《作为交际的语言教学》，标志着交际法的正式确立。理查兹和罗杰斯认为交际法是一种多元理论的联合体；约尔登于 1983 年把交际教学归纳为六类，后来豪厄特又将其分为强式和弱式两类。学者出现分歧的原因，主要是受到多种理论与实践的影响，如功能论、认知论、语言习得说和人文主义论等。从实践方面看，由于各地情况不同，学生千差万别，所以，在教学目标上出现了能力、熟练和效率的分歧，在教学方式上产生了任务、活动和练习的不同主张。

交际教学的原则：学生通过运用语言于交往中学习语言；学生必须参与语言交往活动，分享和传递信息；真实有意义的交际是课堂活动的目的，学生要重视信息的共享与传递；语境、语言的意义和语言流利性处于重要地位；交际有利于学生不同技能的整体训练；学习是一种创造性建构的过程，必然涉及尝试和犯错，学生需注意语言习得认知过程，并学习使用交际策略；生生、师生间要互动，学生要开展两人或多人小组合作学习；审慎地使用母语与翻译是可行的。

经历了漫长的语言教学历程，面对众说纷纭的教学流派，教师要逐渐明白一个事实：没有一种方法是放之四海而皆准且能治百病的灵丹妙药，仅选择一种方法来解决众多复杂的问题是不可能的。教师必须针对学生的实际需求从各种方法中取其所长综合运用方能切实解决问题。教师在选择方法时要考虑以下六个因素：

（1）学生的情感、态度和经历；

（2）可理解的语言输入和语言学习，特别在低年级要注意语言形式的学习；

（3）通过有意义的任务型活动（说写或听说）产出语言；

（4）鼓励学生观察、发现和认识语言规律；

（5）词汇和语法同等重要，因为组词表达语义是语言学习中的重要部分；

（6）在何处、为何、如何教学，不论在哪个学段教师都需要清楚自己为什么用某种方法进行教学。

第三节　信息时代下的英语教学改革

20世纪末以来，信息技术的运用也在英语教育领域引发了全方位的改革，除了使英语教学资源立体化、数字化、网络化外，还使英语教学评价、管理、研究，以及教师发展等各方面均发生了变革。

一、教学模式的改革

信息化正在为人类开辟新的发展空间——虚拟空间，线上虚拟空间与线下现实空间的互联互通，大大优化了英语教育的生态环境。在中国学习与母语差别极大的英语之所以非常困难，最主要的原因就是缺乏英语的语言环境。但是，"互联网＋"突破了时空限制，使在世界任何地方的学生都能运用优质的英语教学资源。这就是说，学生听到的是地道的英语语音、语调，看到的是以英语为母语的人士怎样使用英语，读到的是大量的经典原文著作。这无疑为实现教育公平创造了条件。

信息技术将传统英语的纸质教材变成海量的在线资源，这使英语教学出现新的教学模式：微课、慕课、翻转课堂。微课的核心组成部分是课堂教学视频，有整节课的教学设计、课堂教学实录，有特定项目（如口语或写作，词汇或语法）的教学课例片段，有与主题相关的素材课件，也有练习、测试、学生反馈、教学反思、教师点评等教学资源，可供教师选用。慕课是大规模在线开放课堂，由优秀的教师任教，有助于优质教学资源广泛共享。现在，只要开通网络，学生随时随地可以下载国内外的在线慕课。这有利于英语教学国际化和信息化教育生态的形成，能促进教育公平和学习型社会的建设。翻转课堂是在信息化环境中教师提供网络教学资源让学生课前观看教学视频并学习，课堂上师生一起开展作业答疑、协作探究和互动交流活动的一种教学模式。这种模式翻转了先由教师讲授再让学生练习的传统步骤，从单一的课堂听讲，变成课前预习思考、课上提问讨论，更好地调动了学生的学习自主性。

教师利用云数据既可分享优质教学资源、提高教学效率、提升自身的专业水平，又可以利用信息技术开发教学资源，以更好地适应学生的需要。即使落后地区的学生也能听全国乃至世界名师的课，并能在"云端"与名师互动。可以想象，学生的学习兴趣必然倍增，他们的潜能将得到充分的发挥。当然，"虚拟课堂"要与现实课堂相结合，没有学校的教师组织和辅导，光靠"云端"教师是行不通的。

二、教学评价的改革

英语课程评价体系要促进学生综合语言运用能力的发展，要通过采用多元优化的评价方式，评价学生语言综合运用能力的发展水平，并通过评价激发学生的学习兴趣，促进学生的自主学习能力、思维能力、跨文化意识和健康人格的发展。

智能化评价体系可实现学生作业自主测试，自动记录学生作业完成情况和测试成绩，掌握学生的进步情况与存在的问题，建立学习档案袋，这就减轻了教师的负担。学生进行人机对话，也可以减少自身的焦虑。智能化评价体系记录学生成长过程，肯定学生的进步。学生受到鼓励，获得成就感，树立自信心，这充分体现了智能化评价以学生的发展为目的。

互联网促进了教师与教师、教师与学生、学生与学生、教师与家长之间的信息交流，有力地实现了评价的多元化，彻底改变了仅凭教师的印象评价学生的状况。智能化评价不仅可以关注学生的语言知识和语言技能，还能对学生的情感态度、学习习惯、学习策略、思维方式、身心发展等给予全方位的关注。

智能化混合教学还提供语音识别、人机对话、虚拟教师辅导、一对一纠正发音、口语评分等服务。这样一来，学生不但可以进行听力测试，还可以进行口试，为解决"聋哑英语"的难题创造了条件。

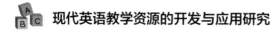

智能化评价体系有利于教师及时了解教学效果，迅速调整教学计划和教学方法，以提高教学的效果。

三、教学管理的改革

"宽带网络校校通"记录着每所学校的故事，各种数据源源不断地汇聚到教育资源部门、行政管理部门、教师发展数据中心等。行政管理部门根据这些云数据进行分析，形成各种报告，学校的评价体系、课业负担、软硬件设施、信息化投入等方面的信息公开透明。有了大数据，教育者的决策依据更具科学性，更符合教学规律；学校之间相互学习，你追我赶。有的学校安装了信息管理系统，把高清摄像机装进了教室，使教师通过手机即可查看班级情况。有的学校开发了德育管理系统记录学生的行为习惯、纪律及出勤等多项指标，期末时其会将各项指标自动传递到学生的"发展报告书"中。

同时，"互联网＋"可使教师不出校门便能开展校际教学交流活动，向名校名师学习，发现差距，开阔思路，提高教学研究水平。线上的教师培训可打破地区界限，同时让千万教师接受培训和进行交流。国内外的教育网站提供了大量的电子书，可供教师选读；还提供了优质的慕课，可供教师观看。这些对教师发展所能发挥的作用是前所未有的。

第四节　我国高职院校英语教学存在的问题

一、学生方面

（一）英语基础参差不齐

在中小学时期，教师都是侧重应试教学，比较重视学生的阅读能力和写作能力的培养，而对学生听、说能力的训练较少，导致学生对词汇及英语语法的掌握不够熟练，无法正确理解英语考试题目。

近几年高职院校生源日趋复杂，群体内部存在不小差异，英语水平参差不齐。此外，学生来自不同地区，很容易受一些地方的英语教学水平的影响。学生的英语水平会出现一定差异，进而干扰其英语听、说、读、写能力的发展。许多学生的单词发音不够准确，久而久之，随着学习的词汇越来越多，学生对单词的发音越来越难以掌握，进而导致学生英语基础参差不齐。

（二）自主学习能力有待提升

英语水平的提升并不是一蹴而就的，需要循序渐进。高职学生只有在课外花时间进行英语学习，制订规范的学习计划，选择适合自身的学习模式，不断地积累，使量变变成质变，才能有效提高自身的英语水平。许多高职学生觉得英语能力的提升需要靠课堂教学、教师指导，而课外自主学习的积极性较低，很多学生不愿利用课外时间提升自身的英语水平。然而，课堂时间有限，短时间的课堂教学难以帮助学生快速提高英语水平，久而久之，学生看不到进步，成绩提升不够理想，便容易出现急躁、失望等负面情绪，进而失去学习英语的兴趣，降低了自主学习的能力。

二、教师方面

（一）科研水平有待提高

高职院校一部分教师对科研没有概念和积累。目前，学校不断激励教师从事教研活动，科研氛围在好转，但是教师的整体科研水平仍需提升。教师应以研促教，提升基础英语的教学水平。

（二）教师教学水平有待提高

在英语教学团队中，一些英语教师只参与课堂教学，没有自主学习和提升职业素养的规划，很少从事科研活动。教研室对教师的监督管理不够严格，有些教研活动流于形式，使得教师集体交流机会少。

三、教学模式方面

随着教学模式的不断改革，英语教学主要帮助学生提升英语综合运用能力和实践应用能力，对英语中的听、说部分比较重视。但在实际的高职院校英语教学中，许多教师仍沿用传统的教学方式，通过课文内容讲解知识，利用多媒体练习英语听力，这导致学生一直处于被动学习的状态中。长此以往，学生缺少主动练习及实践的机会，其学习英语的热情便会降低。另外，虽然多媒体教学已得到广泛普及，但计算机在高职院校英语教学中仅充当听力播放器，而没有充分发挥自身提高学生英语水平的功效。学生只通过课本进行学习，难以较大提高自身的英语水平。

四、教学资源方面

各国教育部门制定的各学科的课程标准或教学大纲一般都以文件的形式颁布。课程标准或教学大纲不仅规定学科的教学目的、教学原则、教学途径，还根据教学计划确定各学段或年级的教学内容、教学要求，以及教学评价原则等。

课程标准或教学大纲确定后，教科书出版机构便着手组织编写教材。教材包括教科书（又称"课本"或"学生用书"）、教学参考书、练习册及多媒体的教学辅助材料。课程标准或教学大纲是教材编写的前提和依据，而教材是课程的具体化，可谓"实实在在的课程"。教材提供了教师要教的内容和学生应学的内容，将所要教学的知识与技能按照一定的顺序编排，还指出怎样教与怎样学更有效，即倡导某种教学方法，并有意识地引导师生使用这种教学方法。在实践中，教师和学生直接接触的是教材。教材是他们可以触摸到的，与他们朝夕相处又与他们的未来相关。课程标准或教学大纲与学生相距较远，很少能够引起学生的注意。教师虽然被反复要求学习和领会这些纲领性文件，但是，除了少数研究型的教师认真钻研这些文件，大多数教师对课程标准或教学大纲并不感兴趣，他们的关注点集中在教材上。毕业班的师生还重视考试大纲中的能力量化要求和样题。由此可见，课程的实施主要依靠教材，教材直接影响着教学。

现阶段，许多高职院校的英语教材都是统一的英语课本，其普适性高。同时，英语课本中所涉及的英语知识与高职院校学生本身的专业并不完全契合，通常仅涉及高职英语等级考试的内容。这样的教材可使学生的英语等级考试有较好的成绩，但很难满足其未来职业的需求。学生若想提升专业英语水平，不得不再花额外的时间进行二次学习，耗费大量的时间及精力，最终导致学生丧失在英语课堂学习的积极性，这不利于学生英语水平的提高。

五、教学评估方面

传统教学评估模式受我国多年来应试教育的影响更注重学生的考试成绩。不少高职院校英语专业的教师尤其关注高等学校英语应用能力考试或全国大学英语四、六级考试的通过率。同时，考试评价多以僵化的终结性考试——期末考试为主，卷面成绩所占比重较大，平时成绩所占比重偏低。这对增强英语课程的实践性是极为不利的。考试内容覆盖面狭窄，更加侧重书本知识与课堂教学内容，突出考查学生的记忆力，而非实践能力或思考能力。学生多依赖考前范围的划定，这不利于学生灵活应用所学知识。

第二章　英语教学资源概述

本章内容为英语教学资源概述，主要从三方面进行介绍，分别为教学资源概述、英语数字化教学资源、英语教师资源。

第一节　教学资源概述

一、教学资源的概念

教学资源是指教材、案例、影视、图片、课件等的各种可被利用的教学素材，也包括教师资源、教具、基础设施等。在这里，教学资源主要指的是，在教学过程中被教学者利用的课程资源及教学后援系统。《高等职业教育专科英语课程标准（2021年版）》将课程资源分成以下四类。

第一，文本资源。这类资源是以文本形式存在的资源，除日常教学所用的教材、工具书、练习册外，还包括教师用书、期刊文献资料、课外读物、职场语言材料、试题库等。教材、练习册等应选取国家规划教材、获奖教材、省校重点教材等规范教材。试题库应包括当堂练习和课后练习、开学考试、期中和期末考试、竞赛类考试、模拟预测、专题汇编、同步测试和自主招生考试等方面的内容。教师在选用文本资源时应注意结合最新国家教育教学文件，及时更新教学观念、调整教学模式、补充教学内容，使其具有政治性、实用性、职业性、时效性。

第二，数字化资源。这类资源包括图形（图像）类素材、音频类素材、视频类素材、动画类素材、课件（课件又可以分为网络版课件和单机运行的课件）、课程资源平台、英语教学类应用程序等。数字化资源的优点是便于获取和分享，能够通过网络教学环境进行利用，更有利于采用线上线下混合式教学模式，在满足高职院校多样性需求的同时，满足学生个性化的英语学习需求。

第三，教学设备资源。教学设备资源包括计算机、互联网、智慧教室、语言实验室等，这是保障高等职业教育专科英语课程实施的基础性条件。教学设备资源的丰富有利于为教学提供相应的软件，营造互联网宽带访问等智慧教学环境，为英语教师开展线上线下教学活动、运用各种教学手段和方法、开发数字化课程资源创造必要条件。

第四，特色资源。这类资源包括地方资源、行业资源和生活资源等。高职教育最大的特色是紧扣地方、行业需求，因此特色资源是地方、行业特有的资源。同时学生的学习生活与家庭生活、学校生活、职业生活密不可分，所以生活资源也是一种特色资源。教师可以根据高职学生的特点和教育教学的内容特点，合理开发和利用这些特色资源，指导学生充分利用这些特色资源，将生活与学习有机地融合在一起，丰富学生的英语学习体验。

教学后援系统包括课后的常见问题解答，即针对某一个具体的问题，教师能够给学生提供全面的解答，同时，为学生列出某一领域中相关的网络资源地址链接和索引，帮助学生学会使用资源目录索引。

关于课程资源的开发与利用，徐继存教授认为，"所谓课程资源的开发，实质上就是探寻一切有可能引入课程，能够与教育教学活动联系起来的资源；所谓课程资源的利用，实质上就是充分挖掘被开发出来的课程资源的教育教学价值"。课程资源利用其实就是在课程资源开发的基础上，对已经形成的课程资源进行识别、选择、确认的过程。开发的过程本身包含着利用，利用的过程也同时存在着开发，人们不能孤立地进行课程资源的开发或利用，而应将开发与利用紧密结合。在本书中教学资源的开发与利用没有明确的界限，因为开发的过程中也有利用的因子，同时以充分、有效、深入地利用身边现有的课程资源为主，而非片面地强调新的课程资源的开发。

二、教学资源与教师、学生的关系

教学资源的开发源自教与学，没有教师与学生的参与就不可能产出优质教学资源。优质教学资源为教师的教、学生的学提供了必要的基础，保证了课程目标的达成。教学资源的价值体现取决于教师和学生的有效利用和反馈。这样一来，教与学就是教学资源的"试金石"。教学资源的优与劣，最终要以学生的学习成果——发展来评价，但是，教师如何利用教学资源进行教学又起着关键的作用。教学资源虽有缺陷，可到了优秀教师的手里也能加以改造，设计出优质课程；而再好的教学资源落到缺乏经验的教师手中，也难免出现不好的效果。善于利用教学资源进行教学设计的教师能够把课堂安排得自然顺畅、符合逻辑、层层递进，这样，学生就能按照教师的思路融入学习过程，教学就如行云流水般顺利。

随着时代的变迁、语言的变化、课程的发展，教学资源必然要随之变化。实际上，运用信息技术开发的教学资源变化更快，网络教学资源具有强大的时效性。

教学资源的频繁变化，对于教师来说有很大的挑战性。教师希望教学具有稳定性，这对他们积累教学经验有好处，可是，课程与教材的变化促使他们不断付出精力熟悉和研究新的课程理念、教学材料和教学方法。每一轮课程改革与创新都会带来教材的变革，教师假如不能更新理念和改进教法，就会难以驾驭新教材进行教学。

教学资源的改革和创新对教师和教学有着促进作用，但是，教学资源的作用是否能很好地发挥，特别是其局限性能否得以克服，取决于教师的教和学生的学。这就要求教师改变旧的教材观，不能把教材看作万能的，教师应该认识到，"教材是服务于教与学的工具，绝非教与学的主宰"。在实际的教学中，许多教师已经懂得这个道理，他们不再充当教科书的"奴隶"，而是教科书的主人，正在灵活地、创造性地使用教学资源。

三、英语教学资源的应用意义

（一）培养语言能力

语言能力有两层含义：一是辨认、理解和掌握英语语音、词汇、语法的能力；二是在前者的基础上学习和运用语言表达思想情感，与人沟通、交流的能力。两者均备，方能算作具备了语言能力，确切地说是"语用能力"。前者是语言解码，后者则是语言运用。在教学的过程中如何使两种能力的培养有机结合起来，已成为当今教学改革的一个焦点。说得通俗些，也就是怎样正确处理语言知识与能力关系的问题。

我国英语课程与教材研究者清楚地看到，传统的教材和教法的确存在忽视语用的问题。原来，教师把课本中的句型和课文中的词汇、语法讲解清楚，指导学生完成书中的练习，就课文进行问答、听写、复述等活动就行了。而今天的课程和教材要求教师在规定的话题、功能项目和一定量的语音、词汇、语法项目的基础上创设多种语境，开展听、说、读、看、写活动，这些活动要具有真实性、递进性、趣味性和可操作性。这样一来，教材的信息量倍增，活动量也大增，加之教材弹性增强，并提供了选用的材料，呈现在师生面前的教学资源变得极为丰富。然而，相当多的教师感到教材内容太多、上课时间不够，于是他们便首先保证语言知识的学习，因为他们认为这样可以保证学生考试的成绩。但是，这样会影响学生语言运用能力的培养。

（二）思想情感教育

落实"立德树人"任务的关键在于思想情感教育，这是人生的教育，非一个学科所能完成。然而，语言是交流思想、传递信息的工具，思想和信息都有具体内容，这些内容在多数情况下都包含情感教育的因素。情感是一个人对其生活中所发生或所做的事情的不同态度体验。在语言教学中，情感主要指的是道德感、理智感和美感。

道德感是以人对人、人对社会、人对自然的态度为内容的。属于道德感的有友善、诚信、仁义、忠诚等。热爱祖国、热爱人民、热爱大自然、热爱真理都是崇高的道德情感。对学生进行社会公德、职业道德、家庭美德等方面的培养，正是我国社会主义精神文明建设的基本任务。英语教学资源的范围极广。教师应选取中外优秀的文化传统、杰出人物的事迹和精神等题材陶冶学生的情操，帮助他们自觉地遵循社会道德规范，履行道德义务，要让他们参与社会生活，认识自己的社会角色，履行角色义务，使他们具有强烈的使命感和社会责任感。

理智感表现为一个人对事物的认识过程的态度。属于理智感范畴的有兴趣、求知欲、热情、意志、毅力等。激发学生学习的兴趣既是目的，也是手段。兴趣是一种积极的情绪，能促进语言知识的获得和技能的熟练，还可以不断加强学习的动机。要产生学习兴趣，就需要有新鲜感，甚至是神秘感。这就要求教学内容要丰富，具有时代感、知识性和趣味性，以满足学生的求知欲。

美感表现为人们对各种不同的生活事实及艺术的态度。美感表现在各种事物的评价之中，用来识别和判断它们是真、善、美，还是假、恶、丑。美感是文化发展的产物，是人的意识形成的产物。在当今经济快速发展的同时，一些极端个人主义、拜金主义、享乐主义，以及浅薄、颓废、放纵等腐朽文化的入侵，对青年一代完备人格的形成造成一定影响。这就要求我们加强道德情感教育，避免这些"污泥浊水"对学生产生不良影响。

英语教师一直都非常重视思想情感方面的教学目标，但是，在实际的教学过程中依然存在重语言知识、轻思想情感的现象，教学设计、思想情感目标往往形同虚设。

（三）培养文化意识与跨文化交际能力

21世纪，英语课程标准明确提出，文化意识和跨文化交际能力是英语教学应使学生获得的基本素养。要想了解英语学习为什么要重视文化意识和跨文化交际能力的培养，首先要明白什么是文化。按照《现代汉语词典（第7版）》的解释，文化是指"人类在社会历史发展过程中所创造的物质财富和精神财富的总和，特指精神财富，如文学、艺术、教育、科学等"。语言文字是用来描述和记载文化的，是文化的重要表现形式之一。由于不同民族有不同的历史、文化、传统、风俗习惯、生活方式等，因此语言的表达形式也不同。我们能够从文学作品中了解各民族的心理状态、文化特点、风俗习惯、社会关系等。

如何使教师有效地利用教学资源，帮助学生提高文化意识和跨文化交际能力呢？教师可以采用加强课堂内外教学中的文化渗透的方式。一方面，在课堂上利用教材内容提高学生对中外文化差异的认识，对比不同的价值观、思维方式、社会习俗，结合语言教学，指出英汉双语中词汇、习语、谚语、禁忌语、委婉语等的文化内涵；创设情境，让学生身临其境地感受语言和文化（如角色扮演），并用诠释补充法，结合语篇内容，挖掘一些与之有关的背景知识，拓宽学生的文化视野。另一方面，强化课外教学活动中的文化意识，如建立课外网络学习社区，提供不同文化场景（如"走遍美国""走遍欧洲""走遍中国"等）的虚拟平台，学生可以自由选择场景，置身其中，体验文化差异；举办丰富多彩的课外活动，如举办专题讲座、文化主题活动；建立课外阅读档案，积累文化背景知识，对乡土文化与外国文化进行比较。

（四）培养思维能力

思维，听起来有些捉摸不着，但是，思维是存在的，而且在人的成长过程中思维起着非常重要的作用。培养思维能力、提高思维品质是教育的重要目标，因为教育就是一项使人变聪明、使人的潜能得以充分发挥的事业。人的思维能力是可以训练、培养和开发的，人的思维的发展是有规律可循的。所以，学校教育无论是教育学生学会学习、学会生存、学会做人，还是教育学生学会合作，最重要的是让学生学会思维。

思维是人的大脑对客观事物间接概括的反映。人通过思维而实现理性认识，人的一切活动都是建立在思维活动的基础上的。换句话说，思维就是人们在生活、学习、工作中遇到问题要思考，要"想一想"，这种思考和"想"就是思维。思维有直观形象思维和抽象思维,前者主要指依赖直观动作或形象进行的认知活动,后者则指在表象、概念的基础上进行的分析、综合、概括、判断、推理等认知活动。抽象思维是一种理性思维,学生在接受教育的过程中,要特别注意发展抽象思维,并以此对感性材料进行加工,将其转化为理性认识,直至解决问题。我们常说的概念、判断和推理是思维的基本形式。学生的学习活动离不开思维,思维能力是学习能力的核心。

思维能力包括理解力、分析力、综合力、比较力、概括力、推理力、论证力、评判力、判断力、抽象力、创造力等。它是整个智慧的核心,支配着一切智力活动。一个人聪明不聪明,有没有智慧,主要是看他的思维能力强不强。要使自己聪明起来,最根本的办法就是培养思维能力,使自己头脑清晰、思维敏捷。思维能力是智力的核心,是考查一个人智力素质高低的主要标准。思维能力的发展决定着人的智力的发展。

在学校,思维能力的培养和思维品质的提高需要所有学科协同配合。实际上,每个学科虽然由于自身的特点可以突出某些学科素养,但是,每个学科在培养思维能力和思维品质上不可能局限于某一种能力。英语学科具有开启心智、发展思维品质、培养人文素养的作用,教学中应突出英语学科的人文性。

现在,我们将思维能力分成五类来研究,这五类思维能力分别是创造性思维、深刻性思维、批判性思维、灵活性思维和逻辑性思维。在英语教学中,思维能力的训练渗透在教学内容之中,因此,人们易误解成语言学科不像理科那样起到培养思维能力的作用。其实,语言是外壳,语言所包含的内容极为丰富,尤其是当代的英语教材包含了古今中外、天文地理、自然与社会科学、音体美劳等各方面的内容。英语教材中有许多课文直接反映了某种思维品质,而英语教学过程中可提高学习者的思维能力。

1. 创造性思维

创造性思维或创新性思维,也可称为"独创性思维",表现为一个人有创新的意识和创新的精神,不因循守旧、墨守成规,对新事物充满好奇心和兴趣,求异、求变,有一定的冒险精神,敢想而且敢于动手试验,敢于验证自己的设想。牛顿由于好奇苹果为何从树上往下掉而最终发现万有引力定律。当哥伦布把地球"想"成球的时候,他坚信他和同伴环球向西航行会到达印度,这说明他不迷信传统的"地球是平面的"的观点,敢于创新。伽利略大胆怀疑亚里士多德的观点,敢于挑战权威,通过比萨斜塔抛物实验证明物体下落速度与物体的重量无关。英语教材所描述的每一位科学家、发明家和探险家的故事无不闪烁着智慧的光芒，无不凸显了他们的创造性思维。

基于创造性思维产生的创造力就是一种独立地、创造性地解决问题的综合能力，也是揭示事物内部新的联系、处理好新的关系的能力。创造力应包括敏锐地发现问题、提出问题以及解决问题的能力。人的创造力是在长期的实践活动中培养和锻炼出来的。英语教学中，学生不仅要对所学语言和语言所传递的信息产生兴趣，经过发现、感知、理解、与已有的知识"同化"或"顺应"、体验等认知过程，吸收、内化并使其成为自己语言机制的一部分，还必须独立地、创造性地运用所学语言知识解决问题，如用英语说出或写出自己的想法来解决实际的问题。这对应于杜威的"教育要使语言转变成理智的工具"观点，即指导学生的口头和书面用语，使语言由原来的社交的工具，逐步变成有意识地传播知识、协助思维的工具。

2. 深刻性思维

张大均、林崇德等学者认为，思维深刻性是一切思维品质的基础。深刻性指思维活动的抽象和逻辑推理水平，表现为一个人理解概念深刻、分析问题周密、善于抓住事物的本质和规律。概念是人脑反映客观事物本质属性的思维形式。例如，贾思勰的《齐民要术》提出农民要适时耕作、播种、插秧等，这一系列概念是1000多年以前人们认识客观世界的产物。当代人是否接受这样的观点，需要经过分析和综合，也就是在现实的环境下设定假设、进行检验、分析结果、进行比较，经过一系列判断，最后概括出结论：哪些观点该继承，哪些该更新。这就是深刻性思维的过程。事实上，任何智慧观念的形成，都建立在深刻性思维的基础之上。

3. 批判性思维

美国学者摩尔和帕克给批判性思维下的定义："批判性思维是对思维展开的思维。"也就是说，批判已有的一种思维，对其思考过程进行理性评估，考量这种思维是否符合逻辑，是否符合好的标准。进行批判性思维的目的是得出正确的结论。批判性思维不只适用于两人或两种观点之争，在评估任何论证，包括自己的论证时都可以利用批判性思维。摩尔和帕克在《批判性思维》一书中引用了美国大学学习评估工程具体罗列的一系列批判性思维的重要技能。

摩尔和帕克在书中用大量篇幅论述了清晰的思维，以及运用批判性思维分析写作中的种种问题或特征，如模糊、歧义、抽象、暗示、贬抑等，还有许多是修辞技巧的使用所形成的正面或负面效应，如委婉语和粗俗语、嘲笑和讽刺、夸张和贬抑、直言不讳和闪烁其词等。这些不仅对英语书面表达有帮助，还对口语表达同样重要。

4.灵活性思维

思维灵活性的表现：思维起点的灵活性，即能否从不同的角度、方向、方面按照不同的方法来解决问题；思维过程的灵活性，即能否从分析到综合、从综合到分析，灵活地进行综合分析。一个人概括和迁移的能力体现在是否愿意和能否善于运用规律，能否触类旁通。

使学生灵活运用所学的知识解决实际问题，是英语教学的目的。因此，教师在教学中要引导学生活学活用所学的知识和技能。学生能够触类旁通、举一反三，教学才能更高效，学生的思维才更灵活。

5.逻辑性思维

"逻辑"源于希腊文"logos"，其原意为言语、思想、概念、理性等。1902年，严复将英文"logic"音译为"逻辑"，后其成为学科名称。逻辑学研究的是客观事物的规律及其发展过程。逻辑思维又称"抽象思维"，指一个人运用逻辑工具对思维内容进行抽象和推演的思维活动，如判断、推理、论证等。逻辑思维方法有定义、划分、概括、限定、归纳、演绎等，是对象在思维中抽象化的方法，也是思维中的抽象化对象运行、推演、变幻的方法。逻辑思维是思维的基本活动形式之一，在人类的认识活动中具有极为重要的作用。

（五）培养学习能力

学习是个体经验的获得、内化及运用导致行为变化的过程。凡是通过行为方式的改变对新的条件进行个体适应的场合，均存在学习。学习广泛存在于人类世界和动物界。人类学习的形式除了在实践中获得个体直接经验，还有在交往中吸收与掌握他人的间接经验。根据人本主义学习理论，真正的学习涉及整个人，而不仅仅是为学生提供事实。真正的学习经验能够使学生发现自己独特的品质，发现自己作为一个人的特征。从这个意义上说，学习即"成为"。成为一个完善的人是唯一真正的学习。学生通过英语学习培养学习能力，从而有效地提升学科核心素养。根据加涅的学习理论可知，成功英语学习者的学习能力的形成，一般要经历以下九个阶段。

一是动机。学生对英语学习的兴趣、态度、动机或期望决定了他们学习的积极性，决定了他们乐意在学习上投入多少精力，也会推动他们产生意志力和毅力，让他们不断克服学习中的困难取得一次又一次的进步。学习英语的动机的产生，不能单靠教师的说教，最重要的是学生的亲身体验。在学习英语的起始阶段，学生对英语很好奇，容易产生兴趣，但是随着学习的深入他们必然会遇到困难与挫折。要使学生保持兴趣，一方面需要教师的鼓励，另一方面需要教师的悉心引导，帮助他们解决学习中的问题，使他们产生成就感，让他们对学习有信心，从而使他们有继续努力的动机、逐步明确学习目标、形成正确的英语学习观。

二是注意。有了学习动机的学生就会比较自觉地注意与学习有关的刺激。学生的观察和注意不再限于教师的声调、课本上的画面，而是英语词语、句子，以及语篇的意义与结构等。若教师适时采用各种方法让学生明白对话的意义和作用，并通过朗读、角色扮演让学生体验，英语的语言特征便会储存在他们的短时记忆中。此时，学生领会对话的意思，他们能够模仿对话，在相同的语境中与同伴交谈。当然，这种交谈还比较机械，不够真实。

三是建构。加涅认为，新获得的刺激进行知觉编码后储存在短时记忆中，这只是学习过程的开始，学生要对所获得的信息进一步编码加工，之后其转入长时记忆中，这一过程称为"习得"。而皮亚杰强调个体认知过程中的积极作用。他认为，学习并不是个体获得越来越多外部信息的过程，而是学到越来越多有关他们认识事物的程序，即建构了新的认知图式。皮亚杰理论体系中的一个核心概念是图式。图式是指个体关于世界的理解和思考的方式，是心理活动的框架或组织结构。图式的形成和变化是认知发展的实质。皮亚杰认为，认知发展受三个基本过程的影响：同化、顺应、平衡。

（1）同化指个体在感受刺激时，把它们纳入头脑中原有的图式之中，使其成为自身的一部分。

（2）顺应则指当个体遇到不能用原有图式来同化的新刺激时，个体便要对原有图式加以修改或重建，以适应环境。

（3）平衡是指个体的认知图式通过同化和顺应过程重建新知识与原有知识结构之间的联系，使认知发展从一个平衡状态进入另一个更高的发展平衡状态。

四是保持。学生习得的信息经过编码过程后，就进入长时储存阶段。但有些信息因长期不用会逐渐被遗忘，新旧信息的混淆也会干扰记忆，使信息难以提取。学生常为记不住英语单词苦恼，也会为多种动词时态的混淆而困惑。为解决这个问题，英语教材和教学必须含有增进记忆的策略。如引导学生按照音、形、义分类记忆单词；利用音频、视频、图像等加强听觉、视觉刺激；利用关键词与相关的词联系形成思维导图；运用关键词与重点句帮助学生口头、笔头复述等。勤做笔记是保持长时记忆的最好方式。总之，学生将手、耳、眼、口、脑并用，养成勤练的习惯，记忆就可以长时期保持。

五是整合。整合就是对学生认知结构中现有要素重新加以组合，而这个过程也会导致学生现有知识的进一步分化。以动词的限定形式与非限定形式为例，它们都是动词的下位学习。动词的限定形式可用作句中的谓语，非限定形式则不行。后者又可分成三种：不定式、动名词和分词。分词又可分为现在分词和过去分词。为了减少术语混淆，近几十年来，教学中把动名词和现在分词整合在一起，通称为 -ing 形式，这样一来，学生只要能区别其中一部分具有名词功能的就行了，如 the swimming boy（正在游泳的男孩）和 the swimming pool（游泳池），显然后面的 swimming 修饰 pool，说明其功能，而前者才有"正在游泳的"的意思。这种整合的方法在英语教材和教学中经常使用。在学习和记忆知识的过程中，学生的主要困难不在于对新旧知识的辨别，而在于对新旧知识的混淆。适时地复习与整合知识非常重要，如学生在分别学习了 -ing 和 -ed 形式后，必须要有混合学习和比较的步骤，否则必然会在实际运用中出错。又如学习现在完成时的各种用法后，不进行整合并与过去式比较，学生是难以真正掌握现在完成时的用法的。

六是迁移。学习的目的在于运用。学生通过在校学习要把所学的知识迁移到新的情境中，就需要把所学的英语知识迁移到新的类似情境中，换句话说，就是举一反三、触类旁通。在发展这种学习能力时，需要注意五个问题。

（1）注意英语与其他学科的横向迁移，即注意与汉语和史、地、数、理、化、生、音、体、美等学科的联系。当然，更要注意英语本身简单与复杂的知识技能、新旧知识技能之间的联系，即纵向迁移。

（2）注意母语学习对英语学习的影响，尽量利用积极的影响实现正迁移，促进教学；克服母语消极干扰的困难，减少负迁移。

（3）注意要在领会的基础上迁移，而不是单凭机械记忆。英语是拼音文字，只有理解和掌握拼读规律，才能活学活用，否则单凭死记词汇，则会越学越难。

（4）注意概括自己从一种情境中取得的经验，并把它们运用到另一种相似的情境中。

（5）注意学习原理、规则和模型等，因为这些内容超越累积事实性知识的范围，可以使学生发现知识技能的内在规律，从而使他们豁然开朗、融会贯通。所以，使用词典、语法书等工具书很有必要。

七是解题。提高学生的学习能力无非是为了使学生能够自主解决问题。问题解决的过程是怎样展开的？怎样才能培养学生解决问题的能力？学者施良方在研究了桑代克、吉尔福特、杜威等众多心理学家理论的基础上，概括了问题解决的五个阶段：（1）感觉到问题的存在；（2）明确问题的各个方面；（3）形成各种备选问题的解决办法；（4）根据结果来评价各种备选问题的解决办法；（5）实施某种行动方针并评判其效果。

这的确像是科学家解决科学难题的步骤，而英语教学也要求教师提高学生运用语言解决问题的能力。例如，英语程序性写作的过程就是"解题"的过程：首先要确定题目，即主题；其次要收集材料，列出有关主题的事件或人物、矛盾或问题等；再次要决定采用的方法；最后要明确结果，并加以评论。写作的过程实际上是思维的过程，学生思路清晰、语言表达流畅，则会顺理成章。特别是报道文、议论文更能锻炼学生解决矛盾和问题的思维能力。英语学习中的许多任务型活动和项目都可以培养学生解决问题的能力。

八是累积。加涅认为，人类学习的复杂程度不一样，由简单到复杂；学习过程、学习结果和教育目标有机地联系在一起，都是由低级到高级逐渐累积而成的。英语学习也如此。学生有学习的动机和积极的态度便会注意接受知识和技能的输入，信息经过加工成为自己知识体系的一部分后才能长久保持。而且，新知识建立在旧知识的基础上，新旧知识需要比较、整合、迁移，并在不同情境（如作业、活动、项目等）中运用，解决实际问题，只有通过这个渐进地累积的过程，技能才能得以强化。在这里有必要强调加涅的观点："只有在教师的指导下，充分掌握必备的知识技能，学生才有可能成为一个问题解决者。所以，知识技能在前，能力发展在后，后者是在前者的基础上发展起来的。"

九是反馈。每当学生完成一项作业、活动、任务或测验时，教师要给予反馈或评价。反馈可以是书面的，也可以是口头的，甚至可以是情感式的，如微笑、点头等。除了教师的反馈，同伴和家长的反馈也很重要。教材、评价手册和网络资源提供了多种形式的评价手段，学生通过反馈能够意识到自己是否达到预期的目标，这对学生增强信心和产生新的动机有很大影响。因此学生只有通过反馈了解学习中尚存在的问题，明确努力的方向，才能调整学习的计划和方法，更有效地进行下一阶段的学习。

四、英语教学资源的开发现状

（一）教学资源形式多样

信息化时代，大部分院校都加大了开发教学软件的力度，提高了对教学基础设施建设的投入比例。譬如，智慧教室、多媒体教室等教学硬件方面的建设；进行相关软件开发或购买，引入线上学习资源、学习平台等。在此背景下，英语教学资源不仅在数量上迅猛增长，还在形式上呈现出多样化特征。但是，教学理念和教学模式一直以来并没有随之发生根本性的改变。直到突如其来的新冠肺炎疫情，使线下教学转变为线上教学，才让更多教师开始重视教学资源的开发和使用。真正的优质教学资源是有限的，部分教师还依然难以脱离校本教材和纸质资源，且对教学资源进行优化配置的能力不足，故教学资源的开发仍有很大的提升空间。

（二）教学资源利用率低

现代信息技术的发展虽然在很大程度上有效支持了各类英语教学平台的建设，使得英语教学的优质资源得以投放、存储、更新。但是，由于英语教学相关领域教师或专家精力有限，英语教学资源平台难以做到持续更新，或是平台更新效果不佳，脱离了学生的英语资源需求实际。在此情况下，学生在应用教学资源时，与教学资源的交互性较差，搜寻英语教学资源的积极性不高，利用已有英语教学资源共享平台的积极性也较低。

第二节　英语数字化教学资源

数字教育技术的广泛应用和快速发展，再次给全球高等教育界带来了划时代的教育技术革命。人们逐渐意识到并清楚地看到，这种数字化、多媒体网络教学技术可以与现代教育、培训有机地、紧密地结合在一起。一些原本抽象、不具体的教学内容以清晰的网络虚拟教学形式进行勾画和展示，很容易引起教育者和受教育者的强烈共鸣。数字英语教学系统就是在这样的大背景下产生的。

一、数字化教学资源简述

经过不断地实践，我们感知到数字化教学就是教师在数字化教学环境中，运用数字化教学资源，在遵循现代教育理论和规律的前提下，以数字化教学模式培养具有创新意识和创新能力的综合性人才的教学活动。教师需要在数字化教学中改变教学思路，积极采用现代教学模式，多渠道提高学生的学习能力和语言技能，拓展学生的语言知识，升华学生的情感态度，使学习策略科学精准化，从而逐步增强学生的文化意识和树立学生正确的价值观。学生在数字化教学环境中，渐渐学会主动学习，持续发展学习兴趣。教师也可以更高效地进行教学，在单元教学的宏观理论指导下，突破传统的教育方法，不断学习，努力创新，在自己的课堂上推陈出新，不断更新教育理念，从而适应时代对教育的要求。在社会信息发达的今天，在新课程教改的背景下，教师不再是一个有一杯水、一桶水的人，而是一个引领学生去找水喝的人。

二、英语数字化教学资源的构建意义

（一）提供英语教学的便利

英语数字化教材资源库的功能使英语教师备课更加方便。英语数字化教材资源库中的英语视频和数字音频资源要与学生紧密结合。英语数字化教学课件资源库中的课件、教学中常用的各种课件，都应包括英语优秀教学课件，以及课件设计制作和使用工具的详细说明等。这样，教师可以有效节省时间和精力，提高课堂教学效率，促进教学质量不断提高。

（二）培养学生学习的自主性

学生在学校网络教学的数字化课堂中自主学习知识时，可以直接从校园网进入学习系统，按照学校网络数字化教学计划按时完成自主知识学习的任务。学生在自主学习知识时，应严格围绕教材内容，并根据自身自主学习目标完成任务，随时随地调整自主学习计划。在掌握了自主学习目标要求的学习内容的基础上，学习效果好的学生可以利用数字化学习资源进一步提高自主学习能力。在自主学习教育模式下，教师的主要职责是在教学管理中发挥教学指导、监督和辅助作用。

英语的数字化教学和教育资源管理能有效培养学生在教育资源库中搜索、分析、处理和获取信息的综合能力。英语数字化教材资源库中的教材资源可以适应不同程度学生的学习需求。在材料资源综合检索的过程中，学生不仅可以掌握正确检索相关材料、分析检索材料以及科学处理和综合利用相关材料资源的基本方法，还可以充分培养自身独立学习和实践的能力。

（三）增强师生和生生之间的交流

英语数字化教学资源的广泛建设为英语师生之间的合作和相互学习提供了一

个交流平台，师生和生生之间可以充分利用这个信息平台互动交流和及时共享教学信息。教师和学生可以通过这个英语数字化教学交流平台直接在不同时间进行实时交流。课堂教学的学习时间和教学空间可以得到极大的拓展和延伸，教学活动的形式也更加丰富和多样化。

（四）缩小学生之间的差距

教育部文件多次提到"互联网＋教育""提高教学质量""运用信息技术改进教学方式"等要求，为英语数字化教学资源库的建设提供了新思路。这包括运用现代信息化手段，为教学搭建资源共享的平台；从横向和纵向两个维度构建资源库；从外在学习技术着手解决传统课堂教学中的问题；从内在构建线上线下混合式教学模式着手，实现教师引领、师生交互、开放式教学，使得校内、校校、校企之间和师生之间的资源共享等。

教师可以通过分工合作，全面分解一个教学单位的知识内容。每个小组的教师根据自己的知识优势优先选择某个单元的知识点，精心设计准备，然后将设计成果上传到微博等平台，建立知识资源库。微视频教学对于学生成功选择自己的预习任务也是有效的，这样可以使学生在课堂上有更多的时间来突破课堂教学的难点知识，回答教学难题。除了微课教学情境视频，微课教学资源还应该包括与其内容相匹配的微课辅助教学资源，如微课辅导案例、自主完成的小任务、微视频课件、微操等，结合微课教学情境的微型视频为广大师生提供了一个完整、互动的自主学习体验环境。微视频学习可以满足学生对每个知识点、技能的个性化学习需求。他们可以根据需要自由学习视频内容，并可以根据自己的理论基础和实际学习情况，随时选择暂停、重播或反复播放。资源库的建设在一定程度上可以有效缓解学生英语能力提升中普遍存在的"吃不饱""难以消化"的现象，有效缩小学生学习能力水平的各种差距。

（五）拓展英语课堂教学

英语教学包括课内和课外两大部分。数字化的教学资料受国家规定教材格式约束较少，数字化教育资源是动态教学的教材。一些网络资源，如 TED 英语演讲视频，提供的视频语言真实生动，其素材资源每年根据需要及时更新，保证了语言素材的真实性和语料库的时效性。TED 英语演讲视频涉及面广，有利于丰富学生的实践经验，拓宽学生的知识面。TED 视频资源涉及的知识内容主要是最新的技术成果或不同行业精辟的理论观点，具有高度的科学性和创造性，有利于不断激发和有效培养学生的创新逻辑思维。演讲者来自世界各地许多不同文化背景的国家，对现代科技、宗教、艺术等领域有不同的看法。教师应该充分利用学校德育发展的契机，引导学生正确识别、理解和包容外来文化，促进学生文化情感和价值观的健康发展。教师在合理使用 TED 视频资源时，要充分考虑全体学生的实际受教育水平，合理编辑教学视频内容。在指导学生尝试观看视频一段时间后，教师可以鼓励学生尝试制作自己的英文短视频。像 TED 视频资源中的英文演讲者一样，学生可以用英文表达观点，培养自己的创新思维和英文表达能力。

第三节　英语教师资源

英语教师在英语教学资源的开发、利用和评价中始终起着关键的作用。教学资源的利用者是教师，开发者和评估者也出自教师队伍。可以说，教师是教育发展的第一资源。教师教育又是教育事业的工作核心，因此，必须在教师教育和教师专业发展的过程中加强教学资源开发、利用和评价等。

教师教育是终身教育，而教师专业发展有三个不同的阶段：职前教育、在职教育和继续教育。职前教育主要由师范院校承担，英语师资的源头是高等师范大学的外国语学院，也有一部分教师毕业于普通高等院校或外国语大学。在职教育和继续教育主要由中央电视大学、各地区教育学院、教育科学院，以及民间教育研究机构（如教育学会、教学研究机构、教师培训中心）等承担。无论是职前教育还是在职教育或继续教育，都要重视提高未来教师或在职教师的学科专业水平、通识文化水平、育人能力、教学能力、科研能力。如今，学科专业水平要求中还应加上运用信息技术进行教学的能力。

在教学能力方面，教师应能根据课程标准精神、所选材料、实际教学条件、学生的水平和需要，制订教学目标和计划；能理解所用教学材料的编写体系（结构、内容、活动方式等）和教学理念；能根据实际灵活地、创造性地整合教学材料，提高教学资源的有效性；能通过对教学资源的分析，自主确定学生的“最近发展区”，给予“支架式”帮助，使学生由现有水平提高到可能达到的水平；能根据教学需要恰当地选择实现教学目标的技术手段；能运用英语教学资源和信息技术，使用多媒体教学设备创设情境，提升学生直接理解英语和用英语表达思想的能力；能熟练使用基于大数据的教学系统进行教育分析、决策和学生学习过程的发展性评价，以及教学运行的监控与管理。同时，教师不仅要帮助学生培养利用信息技术学习的素养和技术能力，还要帮助学生培养自主学习、探究学习与合作学习的习惯和能力。教师应能参与教学资源的评价活动，具有评判、评价教学资源的意识和能力，懂得基本的评价标准，既能静态评价教材本身，也能动态评价实际使用中的教材。

此外，在教师的科研能力要求方面，还应加上提高教师运用教学资源的自主性、灵活性与创造性。这具体包括能从学生的实际需要出发，选择与开发教学材料以提高教学的实效性；能对教学资源进行评价，并提出问题与建议；能在运用网络教学资源的过程中加强研究，不断克服其弊端，充分发挥其优势；能运用网络教学研究平台开展远距离或区域性教研工作。

在过去的四十年中，我国在英语教学资源开发、利用和评价方面已取得了举世瞩目的进步。尤其是近几年来，越来越多的教师对教学资源的研究产生了兴趣，有关课题研究项目逐渐增多，这是非常可喜的现象。但是，这一切仅仅是开始，展望未来，任重道远。目前教育正处于深化改革的历史时期，英语教育工作者面临的既有机遇，又有挑战，应抓住机遇，不断努力，解决问题，应对挑战，积累更多的经验。研究人员不仅要与国内同行交流，还要走出国门，与国外同行交流，取得更多话语权。

第三章　英语教材资源的开发与应用

本章内容为英语教材资源的开发与应用，主要从五方面进行介绍，分别为英语教材概述、英语教材的开发、英语教材资源开发的目的与途径、英语教材评价、高职院校英语教材概述。

第一节　英语教材概述

一、教材的功能

世界各国教材的出版在教育出版界仍然是一股非常强劲的力量。这说明各国政府都很重视通过教育来培养符合自己国家需要的人才，以及通过制定国家课程标准或教学大纲，并安排出版部门编制符合课程目标要求的教材，来保证国家教育方针的贯彻。因此，多数教育界人士肯定教材的功能。

（1）教材能够满足大范围内教育的实际需要，特别是在非英语语言环境中的学校由缺少培训机会的教师任教，而且这些教师又没有足够的时间分析不同学生的需求，此时教材就显得十分重要。

（2）教材帮助教师和学生安排好了教学全过程，这样师生就能够预知将要学习的内容，也了解了需要复习的内容。

（3）教材的结构与内容为社会参与教学研究的人员提供了交流的平台。

（4）教材配备了大量课程实施所需要的资源，这样教师就能够腾出时间来做更重要的工作，如发挥自身的创造性整合教材、补充教学资源，以及根据学生实际设计教学计划等。有了现成的教材，教师便有安全感和自信心，对于那些缺乏教学经验的或很少参加师资培训的教师尤其如此。

20 世纪末以来，西方国家对教材功能的看法产生了分歧。一部分学者对教材的作用持否定的态度。他们的理由是出版的教材通常不能提供教师希望为自己的班级寻求的课文和活动。教材经常遭到批评，原因是多方面的：尽管教材大体覆盖了课程标准规定的话题范围，但其不可能做到完全覆盖，有些话题可能会被忽略；教材虽然力求紧密结合实际生活，但不可能像报刊那样真实、时效性那么强；一套教材编得再好也可能赶不上时代发展的步伐，因此内容、插图等会有过时的问题；受教材编者的主观意识与客观条件所限，教材很难适合千差万别的教学情况。

于是，在西方国家，学校教师对待教材就出现了三种态度。一种是干脆不依赖某一种教材，而是自己准备教材。这一部分教师认为，他们对学生的了解胜过任何教材的编者，他们准备的教材更好。第二种是完全依靠某套教材，照本宣科，不折不扣地照着课本教，以免出差错。第三种是认为教材很有用，他们用得很多，但是并不全用，有时针对实际需要增补或删减教材内容。

二、教材与师生的关系

在传统的英语教学中，教材被看作教学的依靠，而且是自上而下指定的教学依据，也是评价教与学的依据，因此具有很强的权威性。学校领导要求教师必须"吃透"教材的内容和教法，不折不扣地按照教材的要求教学。那时，大部分教育者认为只有这样才能达到课程的目标。然而，随着教育改革的深入，教材观、教学观、教师观与学生观都发生了变化。

现在，教学不再以教材为中心，而是以学生为中心。无论是编教材还是用教材，都必须以学生的发展为出发点和归宿。教师不再把教教材当成目的，而是使用教材教学，利用教材帮助学生成长。教材能否在教学过程中被有效地使用，不仅取决于编者的设计，还需要一线教师的参与和学生的反馈。事实上，绝大多数教材的编者来自教育领域，或者正在从事教学工作，因为不懂或脱离教学的人绝不可能编出符合教学实际的教材。此外，当下教与学已不单纯依赖教材，教师和学生还可以利用无所不在的网络教学资源，所以，"教材"的概念已显得狭隘。由此可见，教材、教师和学生之间存在着互动的关系。

第二节　英语教材的开发

教材开发已越来越规范化，编写组把开发教学资源的过程当作研究的过程。编写组根据教育部的教材送审要求，制订编写计划。计划应包括确定编写原则、组织编写过程以及开发教辅材料等。

一、确定编写原则

缩写人员要明确教材的学习者即教学对象，不同的教学对象有不同的教学目标和要求。中国学生将英语作为外语来学习（EFL），与中国移民在英美国家学习英语（ESL）不同。ESL与EFL的学习目的和方法是截然不同的，ESL对学习者来说是生活的必需，EFL对学习者来说是素养，也可能是职业生涯的工具。ESL的语言学习环境大大优于EFL的语言学习环境，当然，EFL与ESL教学的方法大不相同，前者重在"学得"，后者则强调"习得"。

我们应针对不同的教学对象，提出不同的教学目标和要求。过去，教学目标和要求的制定主要是围绕语言知识和技能来考虑的，致使中小学英语教材的编写路子与高职院校低年级教材的相似，因为20世纪后半叶高职院校英语也多是从零开始教学的。编写人员在编写中学教材时，关注的是基础知识与技能的要求，所以，教材的编排体系大同小异。现在，教育者制定教学目标和要求时，一定要分析学习者的认知水平、情感因素、生理和心理发展特征等。

（一）思想性原则

教材对青少年的人生观、价值观的形成有着至关重要的作用。英语语言材料具有很强的人文性，因此，设计英语教材时，要把道德情感、文化品格、审美观点、思维品质等因素置于首要地位，并使其有机地渗透在教学内容之中，将立德树人的任务落到实处。教材在介绍外国文化精华的同时，要注意弘扬中华文化，使学生具有跨文化交流意识，提高他们的文化欣赏和鉴别能力，增强他们的爱国情怀，树立他们的民族自信心、自尊心和自豪感。

（二）科学性原则

英语教材的设计必须遵循语言教学的规律，充分注意不同年龄段和不同语言水平学生的认知特点和学习需求。编选的材料语言地道、语境真实。语言知识和语言技能训练由浅入深、由易到难、由简到繁地安排，循序渐进。各教学单元的教学容量和重难点分布要均衡。在提高学科融合性时，编写人员还要特别注意学科内容的科学性和信息的准确性。

（三）整体性原则

英语教材的设计需要考虑多种因素。尽管重点不一，有以课文为核心的，有以话题或主题为中心的，也有以故事为主线设计的，但至少要涉及以下九个因素：主题/话题/题材及其语境、各种体裁的语篇、学习活动、语言知识、语言技能、文化知识、学习策略、学习评价、辅助教学资源等。传统的英语课本一般仅考虑课文的题材、体裁，以及语言知识教授和技能训练，不过近几十年教育者逐渐认识到其他因素的重要性并加以重视。例如，把活动作为教学的基本组织形式设计单元的教学内容，通过活动将主题、语篇、知识、技能、文化、策略、评价等整合成一个整体，并使各个部分互动，从而达到培养学生学科核心素养的目的。

（四）发展性原则

教材编写者要"以人为本""以学生为本"，设计教材时要注意学生的生理和心理发展的特点和需要。教材内容、呈现方式、活动形式都要符合各学段学生的兴趣和需求。教材编写者要控制教材的容量和难度，体现教材的适切性。同时，还要注意学生个性的发展。教材应设有必修部分与选修部分或供选用的语言材料，以满足学有余力的学生的需要。教材内容应具有开放性和时代感，吸收富有创新意识的材料，但应避免短时效、有争议的内容。英语教材的发展性还表现在先进教学技术的使用上，如利用信息技术开发英语教学资源，促使英语教学不断创新和持续发展。

（五）实践性原则

我国自古以来就提倡"学以致用"的教育思想，遵循学用结合、理论联系实际的原则在英语教材编写中尤为重要。为了将学用紧密结合，材料要真实，要贴近现实生活，尽量从当代各种媒体鲜活的语料中选择。随着学生语言水平的提高，可逐步增加经典著作的比重。教材单元教学活动的设计要尽可能有助于学生经历发现、感悟、体验、自主探究与合作学习的过程。语言知识采用归纳与演绎相结合的方法呈现，由实例和有语境的语篇引入，让学生观察语言形式，并通过有意义的言语活动，理解和建构语言，直到在一定语境中能够运用英语表达自己的思想。

（六）灵活性原则

编写教材必须考虑城乡和地区的差异，而且，学生的学习情况各不相同，例如，英语学习起点不同，英语学习动机、态度、风格也存在差异，因此英语学习容易产生分化现象。针对这种情况，教材内容与活动的编排要具有灵活性。在保证满足课程的基本要求的情况下，教材应有一定的弹性和伸缩性，既要提供必须完成的内容与活动，也要适当提供一些拓展性材料，并区分层次要求。这样，一方面可以满足学有潜力的学生的需要，另一方面也便于教师根据实际教学需要对教学内容和方法做适当的调整，灵活地利用教学资源。

二、组织编写过程

（一）组建编写队伍

一般来说，在课程标准颁布后，教材编写组就要组建教材编写队伍。这个队伍由主编、副主编、编辑、审稿或顾问、设计与绘图等人员组成。为了保证英语的语言质量，中外人士或中外研究机构、出版机构合作编制英语教学材料已是常事，因而，多数英语教材写作队伍都有母语为英语的人士。为了使教材符合各地教学实际，教材编写组通常聘请一线的优秀教师和教研人员。所有编写人员不仅要有积极的工作态度和充足的干劲，还要有勤奋学习的精神、精益求精的工匠作风。他们不但在编写教材中做出贡献，而且在教材使用的过程中对宣传教材和培训教师发挥着不可或缺的作用。

（二）确定框架结构

教科书的编排体系和框架结构的设计主要取决于教学途径。早期依据语法翻译法编制的教科书大体是以语法结构为骨干，按照其难易程度排列，一课一个重点语法项目；起始年级通常要加上字母和语音教学，然后，编写人员会将根据语言知识点编选的对话或短文放入各课中，这种编排是直线式的。20 世纪 80 年代的教材受结构主义教学思想影响，比较强调易于上口的句型操练，但并没有突破以语法结构为主的编排体系和框架结构。

20 世纪 90 年代，我国在设计英语教材时，受功能法的影响，有了较大的变化。开始综合考虑话题、功能、语篇、语法、语音知识等各部分的合理编排，即将每个部分由浅入深地安排，又把它们有机地结合在一起。

在设计目前使用的教材时，编写人员要考虑的方面更多。除了话题、功能、语音知识等以外，还加上了词汇、听说读写的任务活动和策略、文化知识、测评等。

（三）确定教学途径

在当今"后方法"时代，我国的英语教材编写人员不再依赖某一种途径或方法编写教材，而是根据实际需要，取各家所长，综合利用。在选择途径和方法时，编写人员必须考虑教学目标、教学对象、教学条件和学习者的学习风格。关于教学目标和教学对象，上文已有说明，教学条件主要指语言环境、教学设备和教师水平等。学习者的学习风格指的是学生的认知特点，如善于模仿记忆或善于理性分析、习惯听说或习惯读写、爱安静思考或爱活动体验等。一般来说，东西方文化特点不同，学生的学习风格也有所差异。所以，在设计英语教材时，不能照搬国外的途径与方法，即使引进国外教材也必须"本土化"，即根据中国国情加以改编，否则会使学生"食而不消化"，学起来困难重重。

三、开发教辅材料

20世纪80年代，我国开始出现教辅材料。这些教辅材料多为非教科书出版单位与各级教研部门合作编写出版。在经济效益的驱动下，配合主教材的学习辅导材料和考试辅导材料大量涌现，有"铺天盖地"之势，良莠不齐，造成学生过重的课业负担和家长过重的经济负担，因此不断遭到诟病。教辅材料主要通过两种形式呈现：一种是纸质的，另一种是数字化的。

（一）纸质的教辅材料

纸质的教辅材料归纳起来大致有以下几类：紧密配合学生用书并与之同步的有教师教学用书、练习册、习字帖、活动手册、听说训练、阅读训练、同步解析、评价手册等；课外学习资料有分级简易读物、泛听材料、词汇手册、不同水平的词典、实用语法、作文辅导等；满足学生兴趣需要的学习资源，如英语影视、歌曲、诗选、话剧、谚语、谜语、游戏、演讲、辩论、文学欣赏等；适于高水平学生需要的拓展性资料，如报刊及有关英语国家社会、外国文化、中华文化、旅游、科技、外交、翻译等内容的语言材料。

（二）数字化的教辅材料

我国利用信息技术开发英语教学资源起源于20世纪末，在那以前，主要是录音带、幻灯片、教学电影与广播电视等以电化教学手段制作的教学资源。随着信息技术的快速发展，多媒体教学辅助材料陆续出现。但是，除了录音带与教材紧密配套外，其他材料使用并不普遍。因此，电子影像材料成为教学中必备的教学资源是近些年的事。过去，教材投入使用后，中央和地方电教馆才酌情编制电子影像材料。而今天，教材出版社已将数字教学辅助材料的制作纳入教科书设计中。由于市场的需要，网络教学公司层出不穷，使得利用信息技术配合教学开发的资源相当丰富。

当代教育以人为本，面向全体学生，构建共同基础，满足学生个性发展的要求。然而，在中国这样人口众多、经济发展不平衡的大国，使所有的学生均能享有优质的教育难度较大。利用信息技术开发教学资源能有效地促进这一难题的解决。

在我国，利用信息技术开发英语教学资源已有近半个世纪的历史，但以往都是先出教材后制作电子影像材料，或直接引进国外的产品，如电子书、电子词典、语音或视频材料等。由于学校硬件设施欠缺，很多学校难以使用，并且引进的材料语言偏难，不适用，不好推广。但是，到了移动学习阶段，数字网络教材容易被广大师生与家长接受。时至今日，教材如只有纸质的而没有数字教学资源辅助的话必将失去竞争力。所以，网络配套教学资源的设计逐渐与教科书的同步。

以数字技术为基础的教科书可以集文字、图片、音频、视频等多种表达形式于一体，通过光盘、磁盘、网络空间等传播，便于师生使用。教学资源媒体形式随着信息技术的发展不断变化，这种变化要求出版方式在不断创新的基础上实现传统出版与新媒体出版的深度融合。

当前，有实力的教材出版社和一些网络公司已进入了"互联网＋教学资源"的开发时代。这里所说的互联网，不单指桌面互联网或者移动互联网，更指的是互联网，因为未来的网络形态必定是跨越各种终端设备的，如台式机、笔记本、平板、手机、手表等。英语教学资源的开发将处于无止境的变革和创新中。

第三节　英语教材资源开发的目的与途径

一、英语教材资源开发的目的

（一）激发学生的情感

英语教材中大量内容是有关社会科学、自然科学、生态、环境、能源、法治、贫困等当代世界热点问题的，设置这些内容的目的是激发学生认识世界的情感。教材中有关人际关系、行为规范方面的内容，可以启迪人生，教育学生要自爱、自尊、自重，而不自卑；对待他人真诚热情，讲信义而不虚伪；对待工作认真负责、勤奋努力，而不轻率、不漫不经心。

教材的语言必须符合学生的实际水平，使他们能够不断获得成功，从而使其保持学习兴趣，并产生更强烈的学习热情。然而，英语学习毕竟要付出艰辛的劳动，学习的过程是磨炼意志的过程。英语教材也不乏勉励人们在生活、工作、学习中克服困难、顽强拼搏、自强不息的课文，鼓励学生培养毅力以应对各种挑战。

（二）培养文化意识

从英语教材中，学生能够了解国外的文化。但是，我们更要在英语教材中体

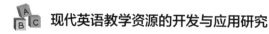

现我国的优良文化。例如，中外文化传统、风俗习惯、名人传记、传统节日、饮食文化、行为规范等。

英语教材的编写人员认识到文化意识能够体现英语学科素养的价值取向，因此，一直在努力使所编制的教材达到培养学习者跨文化交际能力的标准。（1）文化知识。我们应使学习者了解不同国家的历史与现状，吸纳人类文明优秀成果，提高人文素养，学会做人做事，成长为有文明素养和社会责任感的人。（2）文化意识。在经济全球化背景下，我们应培养学习者理解不同文化的能力，使学习者具备良好的跨文化认知态度，促进他们与不同社会的人进行交流。（3）文化态度。我们应批判那种重视西方文化、歧视非西方文化的思想；明确英语学习既要了解异国文化，也要加强对本国和本民族文化的了解和认同；向世界传播中华优秀传统文化，增强学生的爱国情怀，使学生坚定文化自信、树立人类命运共同体意识。为此，我们在教材中要增加中国元素，讲好中国故事。跨文化交际能力使学习者在文化理解、比较、认同、包容，以及吸纳精华和批判糟粕的基础上，能够顺利地运用语言与不同民族的人们进行沟通和交流。

21世纪以来，人才核心素养培养的教育理念正日益体现在全球的教育改革中。以往英语教材中虽然对核心素养的一些内涵有所提及，但仍比较宏观和抽象，需进一步落实到新课标中，对教育性和人文性这两类指标加以细化。

二、英语教材资源开发的途径

（一）整合英语教学材料

教材多样化以来，各地区对教材有了选择性，但是，教师仍然不可能根据自己教学班的需求灵活地选择教材。每一套教材都对教学内容、教学进度做了规定，灵活性不够，教师为了完成教材的进度而顾不上特有的环境、条件和学生的基础。教材对于学生有时也是束缚，学习好的学生觉得轻松，没有把潜力发挥出来；学习后进的学生却觉得很困难、很紧张，甚至会丧失信心。如何克服教材的不贴切性始终是教师伤脑筋的事。为了解决这个问题，我们可以从多方面采取措施。

1.整合教材主体

出版社要提供教材的配套教学资源，除了教师教学用书和练习册，还需要提供难易程度不等的听、说、读、写材料和评价手册等，让教师和学生选用。同时，教师和学生也要参与教学资源的开发，以满足实际的需要。传统观念认为，教材编写人员是由出版社邀请的有经验的专家和编辑，教师是教材使用者而非编写人员，教材审定和评估人员则是教育主管部门聘请的教育专家。一直以来这三者之间的交流很少。

近几十年，教材编写从观念到实践发生了很大变化。学者哈伍德与汤姆林森认为，教材编者、研究者与出版者之间的对话和交流非常重要。实际上，编书人也应是研究者，没有理论水平和教学实践经历难以编好书；教师不仅要深入理解教学资源的内容，还要清楚编制的指导思想和理论依据，只有懂得教学理论才能有效地选择和使用教学资源，并能整合和自编材料；教学资源的评审者应该是高水平的学科专家和研究型的优秀教师，他们中的多数人应有编写教学资料的经验。编写人员要深入一线，不单是介绍教材，更重要的是了解教材的使用情况，收集师生的反馈信息，做好培训，帮助组织教研活动。教材编写的专家（包括教材审查委员）更要与一线教师联系、交流并参与教师培训等活动，这对他们改进教材审定工作至关重要。现在，已经有一些院校把教学资源开发、利用和评价作为学科编入了研究生选修的课程。这表明，教学资源开发正在逐步进入科研的范畴。

教材评价的学术性研究如何与教材使用者、教材编者、教材出版者互动结合，是国内外有关学者关注的问题。目前，我国研究教材评估理论和进行教材分析的人大多不编写教材，而且与出版者更是脱节。

2. 整合教材资源

随着科技的进步和网络化时代的到来，英语教学资源日趋网络化，不论是国家级或地方级的教育行政部门官网，还是出版社设置的网站，都有海量的网上教学资源和课件，如国家级精品资源共享课、中国高职院校资源共享课、教育部教师教育精品资源共享课等。

我们应利用图书、报纸、杂志、互联网等多种渠道，开发教学资源。目前，与教科书配套的音频、视频材料已做成光盘放入课本或教参中，数字化教材也放在网上以供搜索。这一部分网络资源与纸质教材已同步使用。大部分英语网络资源，如阅读材料、听说材料、作文批改材料、考试辅导材料等也可以用于教与学的拓展与延伸。

3. 整合教学活动

教师可根据教学需求改变教材的部分内容，如增加语篇或活动、调换课文或活动，以及删减部分项目。不少教师用这样的方法有效地选择和整合教学资源，发挥了教学资源的正向作用，取得了良好的效果。

20世纪末以来，英语课程与教材经历了一次又一次的变革。根据创新教育的理念，我国英语教育从传统的结构主义教学法的影响中走出来，汲取了二语习得理论和交际教学思想，英语教学结构与功能相结合，进而吸收了任务型教学思想，英语教学发生了深刻的变化。这些积极的变化显著地提高了教学质量和学生运用语言的能力。然而，在这个变革的过程中，新旧观念常发生冲突。如在强调交际功能时，一定程度上淡化了语音和语法的教学系统性；在突出语用能力进行任务型教学活动时，忽视了语言形式的训练；在强调英语的地道、真实和英语国家文化时，没有对中华文化的弘扬给予足够的重视；在重视教学内容贴近学生生活时，过分降低了经典文学作品的比重；在提倡用目的语教学时，忽略了母语的作用等。

除了以上问题还有一个世界上语言教育者争论的问题：教学材料的真实性与非真实性。二语习得理论主张教材文本和教学活动设计要具有真实性，教材的语言应贴近英语国家的真实语言。如何保证语言的真实性呢？对此问题，哈伍德等学者同意语料库语言专家卡特的看法："非真实文本与真实文本一样可以在教学中被利用。编造的文本虽不能让学习者完全了解以英语为母语的人实际怎么说，但含有高频率词汇的特殊语言项目，能引起学习者的注意，并且为他们提供语言练习的机会。"他还说："真实的对话语言难度可以降低，以使学生能够接受，而且对话比较容易保持自然话语的特征，因此可多用对话。"总之，编教材要适合地区学生的水平而不是国际水平，同时课文的内容也要与学生自己的生活相联系。这说明在选择国外的教材时，应适当修改以使其本土化、本地化。

（二）进行英语教材评审

改革开放后，社会的不断进步推动了教材评审制度进一步"去行政化"，我国逐步建成更常态化和专业化的教材评价机制。随着"多纲多本"的教材政策和"国家教材、地方教材、校本教材"的三级教材管理体制的实施，教材评审量空前加大，因此在国家基础教育课程教材专家咨询委员会和国家基础教育课程教材专家工作委员会督导下的各学科教材评价的常态化组织就很有必要。其除了接受行政部门的委托做教材评审的静态分析，还要对教材使用情况进行动态分析和评价；除了要向教材评审委员会报告教材分析结果，也要向社会，包括向学生、教师、教研员、家长、出版商等报告教材的特点、质量水平和试用情况；同时还要引入学生、教师、教研员和家长参与教材评价的机制，而教材出版发行的营利单位则应提供资金支持。这样才能使教材评审进入良性循环。

英语教材评价的研究无论在国外还是在国内都相对滞后，目前教材评价的学术性研究大都集中在高校教师和研究生身上。研究的层面，包括评价体系建设、评估指标制定和评价工具开发，仍停留在介绍或引进国外的评估框架和工具，或者单本独套的教材评价，关于教材各学段衔接和教材使用动态分析及效果的实证性的报告很少见，而且存在学术性研究与教材编写者和使用者脱节的现实问题。这些问题有待于教科书评审制度的进一步改革来解决。另外，英语学科的特性让我们能够更好地开展教材评价的国际比较研究。由教育部启动的大规模基础教育课程教材国际对比项目就是一个很好的开端。

当前主流的教学资源评估仅落实到纸质教材上，而非纸质资源（如网络资源）的评价仍然滞后。

首先，我们应明确网络课程的评估标准是"以学习者为中心，满足在线学习的需要"。

其次，在课程内容选择上我们应明确以下要求：体现学科最新进展，反映教育教学改革前沿成果；关注解决教育教学实践中的问题，注重培养学生的实践能力；内容结构合理，富有逻辑性，改变传统教与学的方式。

再次，在教学方法手段上要求方式多样化，有效运用信息技术手段；要利用学习社区、交互式问题等方式组织教学活动，促进学生自主、合作、探究学习。

最后，分量最重的部分是教学资源的评价指标。①资源的组织要体现课程设计思想，教学大纲要完整，课程模块和教学单元的结构要合理、科学，知识点和技能点对应要清晰（体现其与课程目标的一致性）。②教学的录像要与教学大纲或教学日历匹配，进程要合理，教师讲解及演示要清晰，布局要合理，制作水平要高，图像、声音播放要清晰流畅，要能反映教学过程，体现启发式、参与式、讨论式或探究式教学思想和理念（体现其多模态特色）。③基本的资源，如知识点及注释、教学要求、重点难点、习题作业、教学案例、试卷等，需精心设计和制作，契合教学要求，内容准确，针对性、适用性强，对提高教学效果有实质性帮助（体现教学资源的核心内容）。④拓展性资源，如案例库、专题讲座库、素材资源库，学科专业知识检索系统、演示／虚拟／仿真实验／实训／实习系统、试题库系统、作业系统、在线自测／考试系统，课程教学、学习和交流工具及综合应用多媒体技术建设的网络课程等，则需设计合理，具备进一步开发与建设的基础（体现教学资源的拓展性内容）。⑤不存在思想性、导向性和科学性等问题；不涉及国家安全、保密及其他不适合网络公开传播的内容；不侵犯公民、法人或其他组织的知识产权（体现对资源的政治要求及其合法性）。

以上这些网络教学资源评价指标虽然有待完善，但其已为后续的研制打下了基础。

第四节　英语教材评价

一、教材评价的内涵

教材评价是指通过一定的手段对教材的各项性能（如有效性、导向性等）进行分析，得到对该教材价值的总体认识，并判断该教材是否具有传播知识、充当教学媒介的功能。

首先应澄清的问题：我们的教材评价仅仅是为了通过上级部门的审核而进入商业流通吗？答案当然是否定的。我国是一个教育大国，各级英语教育的教材在出版发行之前必须经过国家法定部门的审定，这一点不容置疑。但这并非教材评价的唯一目的。评审教材还有另外一个重要作用，就是通过揭示各类教材的特色、优势及有待改进之处，起到向社会推介的作用，从而促进先进教育理念的传播，使教材在教育教学改革，尤其是教学质量提升的过程中起到引领作用。教材评审活动既能帮助教材使用者（各级教育决策部门及广大师生）理性地选择教材和使用教材，也能帮助教材编制者不断修订、改进和完善教材。

教材评价的目的是发现和诊断教材中的问题，为未来教材的编写提供借鉴，促进教材内容与时俱进。英语教材作为教师传播知识、学生掌握语言技能和了解文化内涵的重要媒介，对其价值的判断和评价尤为重要。

国外最早对英语教材进行系统评价的是学者西顿，他于1982年提出了英语教材评价十项内容法，随后出现了一大批有影响力的研究成果。国内学者针对该课题的研究始于20世纪90年代，主要从教材评价的标准、方式等方面出发。对这些研究成果进行梳理我们发现，目前相关研究的重点主要集中在三个方面：一是对评价标准的研究；二是对评价方法的研究；三是对评价理论的研究。其中关于前两者的研究占据多数。

从评价标准来看，有的学者认为英语教材应该以教学大纲为评价标准，能够体现最新的教学成果和满足学习者的需求。有的学者则认为教材的衡量标准应该是动态变化的，应该用发展的眼光来看待教材的评价。还有学者从内容和需求两个方面提出了评价标准，认为好的教材不仅需要包含先进的语言理论和系统的语言知识，还应该考虑学习者的发展需要。

从评价方法来看，有学者提出教材评价应该分不同阶段来进行，包括初步评价、细节评价和使用中评价等。有的学者认为教材评价应该遵循宏观和微观相结合的原则，从确定评价目的和参考体系、获取主客体信息以及做出价值判断等步骤出发进行评价。还有学者提出现有英语教材评价的方法较多关注使用前评价，这种评价方法往往需要具有一定的预测性，耗时耗力。因此，他们认为应该综合利用使用前评价、使用中评价和使用后评价三种方式。此外还有整体印象评价和定性评价相结合、外部评价和内部评价相结合、整体印象评价和深入评价相结合等方法。

从评价理论来看，学者张伟年将英语教材评价理论分为四大类，即基于课堂教学实践的评价理论，侧重语言分析的评价理论，侧重分析文化内涵的评价理论，从社会语言学视角出发的评价理论。同时，他认为系统功能语言学把语言视为意义资源，将语言与意识形态和文化内涵建立起了深刻联系，为英语教材评价提供了新的分析视角。但是，目前国内从系统功能视角评价教材的研究尚不多。

（一）印象式评价和深度式评价

印象式评价，顾名思义是对教材表面呈现的特点进行评价，例如，通过浏览教材版面（如栏目排序、配图质量等）来对教材有一个大概了解。它往往适用于对一批教材进行初审或评估其备用价值，却难以检查出教材的缺漏或弱点，也不能凭此就下结论说该教材是否符合教学的需求。

深度式评价是一种较有章法的（如有系列清单）、更深入地评估的评价方法。该评价方法除了看教材的明显特色之外，还要检查教材如何处理具体的教学内容和语言知识，是否满足学习者的需求，以及是否符合教学大纲的目标要求等。

也有学者称印象式评价和深度式评价为外部评价和内部评价。印象式评价先从外部对教材做一个简要的宏观评估。深度式评价是更深入细致地评估教材的内在价值。其具体方法：解剖教材的一个或几个单元，对其中的全部细节内容及呈现方式做质性分析；也可以使用语料库列出全套教材的某些语言信息数据来揭示教材的教学目标、内容体系和隐含教学理念等深层次的价值。深度式评价也包含对教材评审的局部指标做微观评价，包括教材词汇量和难度等级、某类语言方式

（如短语结构）的呈现量与练习设计、教材练习指令语（如阅读理解设问）的认知思维要求等级、某类活动设计（如探究性学习）等，通常反映在教师和学生的学术论文中，虽然不是对教材的全面评价，但是能揭示教材在某一个方面的特色或存在的问题。

（二）静态式评价和动态式评价

静态式评价是评价教材的本身（主要是其文本，包括图像及视听材料），不涉及其使用过程中的其他因素。评价人员通过搜集全套教材及各章节的教学目标要求、实现目标的方法与例证，教材学习活动的类型、难度、分量、密度、排序方式乃至文字插图的表达形式等资料和数据，以评估教材所体现的教学目标、内容体系，以及编写制作水平等。

动态式评价关注的是教材在实际使用过程中，教材与教师、学生、教学环境、教育目的、社会等因素发生的相互作用，以及这些作用的结果令各方发生的一些变化。评价人员通过了解学生对教材的喜爱程度、使用方式的变化，以及教师对教材的看法、施教过程及方法与教材原设计的过程及方法的差异、使用教材后教学观念的变化，还有教研人员及社会公众对教材的看法、意见和改进建议等资料和数据，以评估教材的质量，找出存在的问题。

二、英语教材评价的理论基础

（一）功能语言学理论

功能语言学以社会学和人类学为研究基础，关注语言背后的文化和功能，其形成于20世纪中后期。该理论发端于情景语境理论，发展于语言文化语境理论，成型于功能理论。

1.语境理论

语境理论的研究始于社会人类学家马林诺夫斯基，他认为语言与其所发生的情景语境是紧密联系的，一方面语言的合理利用离不开具体情景语境的辅助，另一方面语言的使用同样也会受到情景语境的限制。伦敦学派的创始人弗斯受到马林诺夫斯基的影响，认为语言是一种社会生活手段，学习语言是人们参与社会活动的必要途径。他对马林诺夫斯基的语境理论进行了拓展，提出语境不仅仅包括话语活动当时所处的具体语境，即情景语境，也包括话语所在的整个社会文化背景，即文化语境。学者霍利迪在马林诺夫斯基和弗斯的社会学理论影响下进一步完善了语境理论，提出语境可以被看作一个连续体，该连续体的两端分别是作为系统的文化语境和作为系统实例的情景语境。其中，文化语境是指"某种语言赖以根植的民族里人们思想和行为准则的总和，即交际参与者所共有的背景知识"。情景语境可以细分为话语范围、话语基调和话语方式三大类，它们也称作语场、语旨和语式。话语范围是指语言使用时所处的环境，包括话语所涉及的事件、参与者以及事件的属性；话语基调是指话语参与者的特征、地位和角色等，侧重话语参与者之间存在的社会联系；话语方式是指话语的形式，包括话语表达的渠道、媒介、风格和采用的修辞手法等。

2. 功能理论

功能理论是功能语言学的主要支柱理论，霍利迪将语言的功能概括为三种：概念功能、人际功能和语篇功能。概念功能包括两个方面：一是语言可以用来描述内心具体体验的经验功能；二是语言可以用来描述多个事物之间联系的逻辑功能。概念功能主要通过及物系统体现，及物系统主要包括事物、实践和环境三种基本要素。这三种要素分别对应功能语法中的参与者、过程和环境。人际功能是语言的基本功能，语言是人们在社会生活中进行交际的基本工具。语篇功能是指语言中存在的一种组合机制，具有语篇功能的人能够将言语片段组合成为一个连贯的语篇而不是随机排列的散句。语篇功能突出的是讲话者的组织能力，其能够根据情景语境的变化把人际功能和概念功能组织成不同的功能整体而发挥作用。语篇功能主要通过主位系统来实现。主位系统也就是一个语篇中句子成分的排序系统，起始的位置叫作主位，其他的位置叫作述位，通过对句子成分的不同排序，将所有句子组织成一个逻辑严密的语篇。

（二）编码理论

教育学和语言学是密切相关的学科，教育以传播知识为目的，而知识的传播必定离不开语言。与功能语言学联系最为紧密的教育学理论是社会学家伯恩斯坦有关教育社会学的观点。伯恩斯坦从社会学的角度揭示了社会控制和教育经验之间的关系，提出了著名的编码理论。伯恩斯坦认为编码是意义建构的模式，社会阶级结构在编码中处于中心地位，不同的社会阶级结构会建立不同的编码类型。他将编码分为两种类型：精致型编码（EC）和局限型编码（RC）。EC 来自中产阶级家庭的父母，其特点是语言规范、语式完整、意义丰富，有助于学习者习得抽象的概念；RC 来自工人阶级家庭的父母，其特点是句式短小、词汇局限、表达直观。两种编码类型会对学习者日后的语言能力产生一定的影响，造成他们语言能力上的差距，最终导致教育过程的不公平。在编码理论的基础上，伯恩斯坦进一步论述了教学机制，他认为整个社会的教育体系就是一种教学机制，该机制由教育知识的分配规则、情境重置规则和评价规则来调控。教育知识的分配规则控制知识的分配状况；情境重置规则认为教学就是一个情境重置的过程，话语从一种情境转变到另一种情境的过程中，会受到文化、意识形态的影响；评价规则体现和决定学习者优劣以及对社会层级的定位。

第五节　高职院校英语教材概述

一、高职院校英语教材分类

（一）纸质教材

纸质教材的内容需要契合每个学期实际讲授的课程内容。教材编写人员可以将单元模块进行整合优化，对于不必要的内容进行删减，以此来提高纸质教材的内容承载力，减小教材的整体厚度，用核心内容的呈现来保障教材的教学效果。同时，需要对教材的纸张质量、大小进行优化，强化纸张的韧性，提高纸质教材的保存价值。纸质英语教材是教学工作中重要的辅助性教学工具，能够在应用过程中通过书页中优质的内容来满足学生的学习需求，提高教学质量与效果。英语纸质教材的优点有以下几点。

1. 内容错误比较少

纸质书籍的出版需要经过编辑、校对等多个环节，因此其内容的准确性较高。与其他普通书籍相比，高职院校英语教材承担着重要的英语教学工作，其内容的出错率相对来说更低、权威性更高。这就使得教师能够在教学工作中以书本为主要的教学依据，在权威教学内容的指引下完成教学工作，将权威性的知识与观点渗透到教育教学中。

2. 能够通过记录笔记加强学生对课程内容的理解

目前，在纸质英语教材的应用过程中，学生能够对教材中的内容进行勾画，比如，对重点的词汇、句型进行批注，并对教师讲解的重点与难点内容进行记录。这样，学生在记录过程中就能够逐渐掌握课程内容，进行深度记忆，加强对英语知识的理解与记忆。

3.能够帮助学生静心学习

纸质教材作为传统的教学工具，需要学生在一个相对安静的空间中完成教材的学习工作。纸质英语教材能够帮助学生沉静内心，在文章的深度阅读中强化学生对英语内容的学习效果。此外，与数字化教材相比，纸质教材对学生视力的损伤较小，能够有效地保护学生的视力，使学生在学习教材内容的过程中缓解疲劳、避免用眼损伤，更有利于学生健康成长。

（二）数字化教材

互联网和信息技术的不断发展改变了高职院校英语教学的环境，也促进了教育产品的数字化发展。现在市场上涌现出各种数字化教材和教辅材料，极大丰富了高职院校英语的教学资源。数字化教材因具备便捷性、智能化等特点为教师和学生带来了极大的便利。

二、高职院校英语教材编写原则

（一）贯彻立德树人的教育观念

教材是教学的载体，也是育人育才的重要依托。如何以教材为抓手，充分发挥教材的育人功能，落实立德树人的根本任务，是新时代课程思想政治建设中迫切需要解决的问题。高职院校英语是一门工具性与人文性兼具的通识教育课程，具有学时长、学分多、学生覆盖面广、社会影响力大等特点。这些特点使得高职院校英语成为课程思想政治建设的重要阵地。然而，语言是文化和意识形态的载体，外国文化对学生的人生观、世界观和价值观会产生一定的影响。如何发挥好高职院校英语教材的育人功能，使学生在中西方价值观之间保持适当的平衡，既能增强国际意识，树立世界眼光，又能促进文化认同、坚定文化自信，是高职院校英语课程思想政治研究中迫切需要解决的重大问题。

高职院校应该坚持把"立德树人"作为教育的根本任务。近几年召开的全国职业教育工作会议也不断强调思想政治教育要贯穿各个学科的教学过程，要求高职教育各个学科的教学都要围绕"立德树人"的目标来设计，旨在把高职院校的学生培养成新时代的接班人。高职院校的英语课程是高等教育体系中的一门重要的公共课程，其与思政教育理念的融合已成为英语教育界研究的重要课题。高职院校英语教材作为高职院校英语学科体系中最重要的信息载体，更要及时反映新时代的新要求。高职院校英语教材的编写应把育人放在第一位，内容上要体现中国共产党的重要思想、中华优秀传统文化等方面。

（二）融合中西文化特点

中华人民共和国教育部于 2019 年 12 月发布的《职业院校教材管理办法》指出："职业院校教材必须体现党和国家意志……体现中国和中华民族风格，体现党和国家对教育的基本要求，体现国家和民族基本价值观，体现人类文化知识积累和创新成果……落实立德树人根本任务……引导学生坚定道路自信、理论自信、制度自信、文化自信，成为担当中华民族复兴大任的时代新人。"要达成此目标，英语课程应全面贯彻党的教育方针，将中华优秀传统文化和社会主义核心价值观融入教学中。教材是课程的重要载体，是英语教育的重要组成部分，对教师"教什么"和"如何教"起着决定性作用。新时代的高职英语教材亟须加强中华文化呈现，兼顾母语文化和世界多元文化，向学生提供使用英语表达中华文化的材料和理解、分析、评价世界多元文化的空间，使学生兼备国际视野和文化自信，成为中国参与全球治理的时代新人。然而，现行的高职英语教材重视学生的语言基本功训练和英美文化学习，未能将中华优秀传统文化有机融入教材课文和任务设计中，在很大程度上忽略了在英语学习过程中培养学生准确理解和表达中华文化的能力与跨文化交际能力，造成"中国文化失语"现象。

新时代我国高等教育必须服务于国家战略需求，积极响应"一带一路"倡议，向世界传播中国文化，讲好中国故事，在国际上展示中国教育科学文化的最新成果，分享中国经验，传递中国智慧，发出中国声音。在这一时代背景下，我国高职院校英语教学应把中国文化作为教学的重点。但是纵观高职院校英语教材，目前中国文化相关内容还有所缺失。

跨文化交际是一个双向的文化交流过程，英语学习者不仅仅是学习和了解国外的先进技术、思想理念和文化成果，同时也需要向外输出我国优秀传统文化。只有文化输入而没有文化输出，只学习英语国家文化而无法用英语向世界讲述中国故事，就是缺乏"文化自信"的表现。只有在扎根于本土文化的基础之上去学习和理解国外文化，才能对世界文化的多样性有足够的理解和认识，才能培养出既具有国际视野，同时又坚定中华文化自信的跨文化交际人才。

（三）对照《高等职业教育专科英语课程标准（2021 年版）》和《中国英语能力等级量表》

《高等职业教育专科英语课程标准（2021 年版）》（以下简称"《课程标准》"）在新时代背景下对高职院校英语课程的教学目标、教学地位、教学要求等方面进行了定位和阐述。《课程标准》强调了英语教学中思想政治理念的重要性，强调英语教学应培养学生具有正确的价值观和社会责任感，应培养能够担负起民族复兴重任的时代新人。《课程标准》也指出，高职院校学生必须承担传播中国优秀传统文化、讲好中国故事的责任。高职院校英语教材不仅要传播西方文化，还要避免中国本土文化的缺失。《课程标准》也强调了现代信息技术和课程教学高度融合的原则，旨在让信息技术促使学生向自主学习、个性学习、主动学习的方向发展。《课程标准》同时强调高职院校英语教学的重点是培养学生的英语应用能力，即用英语在学习、生活和未来的工作中进行沟通和交流的能力。

《中国英语能力等级量表》（以下简称"《量表》"）是我国第一个对中国学生的英语能力进行评估的标准体系。《量表》有助于教材编写单位编写适合不同学生的教材。因此，新时代的教材编写应该依据《量表》明确教学目标，编写具有全面性、时代性、针对性、简洁性的教材。

新时代的高职院校英语教材要充分体现《课程标准》中的要点，不仅要能够培养学生的英语应用能力，还要能够引导教师转变传统的教学观念，积极开展教学研究，提高学术研究能力。新教材的内容设计要以《量表》中规定的四个模块和五个维度为基准，分层次地设置材料内容和学习任务。

（四）适应信息时代教育背景

在"互联网+"发展日新月异的背景下，信息技术正在重塑教育生态环境。高职院校英语教材建设的指导原则、选材内容、设计体例和载体形式必须与信息技术接轨。立体化教材应该以多模态、多媒介、多媒体的方式呈现教学资源，设计人员应以系统化和一体化的策略设计教学内容，从而促使学生自主化、个性化、情境化、协作化地学习。

新时代的高职院校英语教材的设计者应该充分利用现代数字化技术将教材所呈现的内容进行合理分配，使教材内容和信息技术充分融合、相互促进，以便达到提升教学效果的目的。新时代立体化教材的框架主要包括信息库、资源库、网络学习平台和网络教学平台。信息库指的是与英语教学和学生学习相关的各种资料的集合体，包括电子文档资料、视频资料等。资源库不是纸质教材的电子版或者学习资源的简单堆积，包括教材库、习题库、文化常识库、科学常识库等。网络教学平台是对纸质版教材内容的拓展，网络平台的内容与教材的主题相关，是每个主题内容的延伸。网络教学平台可以为教学提供管理服务和课程测评服务。

教师可以在网络教学平台上监督学生的自主学习进程，详细记录学生每个阶段的学习情况，并对学生进行阶段性测评。总之，网络教学平台、纸质版教材、课堂授课三者之间相互补充，形成了一个完整的教学体系。

（五）培养社会应用型人才

高职院校英语教材的编写在总体上应进行综合考量，既要考虑相关英语基础知识，也要考虑学生实际应用能力的培养。在学习语言的过程中，教师要遵循客观规律，挖掘学生的学习切入点和学习兴趣，找到既能充分体现英语语言特性，又能反映当代社会生活情况的短文和词汇，让教材与学生、教材与实际生活等各个方面联系起来。例如，过去的教材中有一些不常用的语法和只在特定题材中出现的句子，在新教材中就可以减小其出现的概率。因此，教材的编写者需在注重英美文化、历史的同时，更多地关注语言的实际运用，让英语学习者在学习和认知过程中，接受这种语言并建立一套完整的认知体系。

三、高职院校英语教材的发展

高职院校英语教材的发展分为几个不同的阶段。

20世纪六七十年代，这个时期的英语教学工作有一定的恢复，一些地区陆续地实现了初步的应用授课，因此出现了第一代高职院校英语教材。

20世纪80年代，编写者对高职院校英语教材做了很大的调整，主要是针对英语的词义解释、听说等方面做了很多的改进工作。

20世纪90年代中期，编写者根据以往英语教学工作中出现的问题和新方法，对教材的结构特别是一些专业词汇的编排和出现顺序等又进行了一次较大规模的调整，加入了很多实用的短文和知识背景内容。教材改革步伐加快，包括讲法、叙述、结构、体系等方面的变革，产生了很多创新型的教材，这体现了国家对高职院校英语教材的重视。

2010年后，双创人才培养理念的提出与应用型英语教材的出现，标志着在新时代发展背景下，英语教材从适用型教材转变为创新型教材。

新时期，随着高职院校英语教材编写者思想和意识的转变，一批新的英语教材陆续出现。而现在出版的教材加入了很多创新元素，包括实时的讲解等。新兴媒体和网络工具的使用使教材更具有适应性和趣味性。现在出版的教材在解决实际问题上也有了很多尝试和突破。随着《课程标准》的颁布，更多符合《课程标准》的教材将会出现。

四、高职院校英语教材的现状

（一）课堂上纸质教材运用较少

如今，由于信息技术的普及与应用，我国高职院校在开展高职英语教学的过程中呈现出教材与多媒体设备共同辅助教学的现象。多媒体设备的应用拓宽了学生的知识面，并且多媒体设备能够通过视频等方式提高学生对教学内容的专注度。在实际教学过程中，多媒体教学手段的优势使得目前高职院校教师在授课过程中主要借助多媒体设备进行教学，高职院校英语纸质教材则处于一种可有可无的状态。高职院校英语课程结束之后，学生通常会选择卖掉教材或者丢弃教材，高职院校英语课堂中存在着教材应用程度不高的问题，同样也面临着资源浪费的问题。

（二）教材质量有所欠缺

目前高职英语教材在编写与出版方面还存在不少问题，这影响了教材育人功能的充分发挥。首先是教材编写与出版规划不合理，重复建设、创新过度导致教材体系复杂、教材种类繁多、教材内容更换频繁。这无形中增加了学生的学习负担，影响了教材的使用效果。除了种类繁多外，教材单元内容也多。例如，《高职国际英语》每册设置八个单元，每个单元又分为四个版块。面对繁多的教材与学习内容，加之高职院校公共英语课学时有限，学生难以在有限的时间与考试压力之下充分消化吸收教材内容。其次是出版机构市场化运作，导致教材市场竞争激烈、教材编撰与出版商业气息浓厚，从而忽视了打造精品教材。个别出版机构为了争取高职院校教材使用权，抢占市场份额，甚至不惜采用利益输送等手段向高职院校推销教材。其结果是，面对教材市场上良莠不齐的英语教材，教材使用方很难对这些教材做出正确的选择和客观的评价，最终到达学生手里的教材质量堪忧。

（三）本土文化缺失

教材是文化的载体，包含了丰富的文字和文化信息。我国的英语课堂主要依赖教材。英语教学和英语教材有着密切的联系。纵观现有的高职院校英语教材，它们都在生词的用法、扩展上，目标语的结构分析上，以及欧美文化的输入上下足了功夫，但在母语的文化背景及其英文表达上鲜有阐述。

现今高职院校所使用的英语教材中国元素有所缺失，这与高职院校英语的教学目标有所脱节。英语教材因为受到传统英语教学思想的影响，文章素材大多来自国外的报纸杂志，多和西方的风俗文化有关，语言中洋溢着英美文化的气息。虽说在传统的英语教学思想指导下，把学生置于英美文化的环境中来接受语言熏陶，无疑对学生了解西方文化，学会并掌握纯真地道的英语十分有益，但教材很少涉及母语文化，尤其是没有表达中国文化方面的文章及相关词汇，造成了学生通过学习中国文化背景的英语选文来学习英语的愿望落空，使得学生中国文化的英语表达力明显欠缺。这种情况也无疑给教师带来了很多的麻烦，因为教材在这方面的缺失，要弥补学生中国文化英文表述上的不足，教师就必须到处查阅资料，花大量时间和精力来获取资源。如果未来的高职院校英语教材再增加一个中国文化方面的模块，那么这样的教材一定会受到广大师生的青睐。

（四）人文素养内容欠缺

《课程标准》对高职英语人文性质的要求：对课文选材进行内容结构与主题分析，重点分析课文选材是否蕴含了丰富的人文内涵，是否很好地兼顾了课程的工具性与人文性。通过分析我们发现，当前高职院校广泛使用的教材，无论是在内容编排上还是在结构设计上，都有着很强的实用性和工具性，但弱化了英语教材的人文性功能。从教材结构设计来看，教材中每个单元均设置了课文、词汇、练习、阅读、写作、翻译等模块。这些模块旨在提升学生的读、写、译语言技能，旨在提升学生批判性思维能力的模块却不多见，如果有，也仅见于课后练习的个别思考题中。事实上，我国高职英语长期以来受应试教育的影响，在考证的驱动下，英语教材的工具性被强化，跨文化交际的功能则被弱化，导致教材编写更倾向于语言知识和技能训练。再从教材文章的主题来看，科技类与社会生活类主题居多，道德教育类与政治类主题偏少。

第四章　英语数字化教学资源的开发与应用

本章内容为英语数字化教学资源的开发与应用，主要从六方面进行介绍，分别为移动学习资源、应用软件资源、微课资源、英语教学资源库、多模态教学资源、翻转课堂教学资源。

第一节　移动学习资源

时代的进步与发展推动了智能手机、平板电脑等移动平台在教育教学中的应用。移动设备方便携带、个性化的特征赢得了广大师生的青睐，并推动了英语教学方式的改变。

一、移动学习概述

（一）移动学习的概念

移动学习是一种学习者在移动计算设备帮助下能够在任何时间、任何地点学习的学习方式。这种学习方式对移动计算设备的性能有着较高的要求，要求移动计算设备必须能够将学习内容完整清晰地呈现出来，且能够支撑教师和学生之间的双向交流。移动学习与传统课堂教学相比不受地点、时间、环境等因素的限制，能够让学习更加高效和灵活，同时还能够满足不同学生学习的个性化需要。移动学习与英语结合在一起，大大提高了英语学习的灵活性和机动性，使得英语学习者不仅仅可以在课堂上跟着教师一字一句地学习，还可以通过各大网络平台、移动终端等随时随地利用英语学习资源进行学习，从而让英语的学习更加广泛、更加全面。移动学习的内涵主要有以下两个方面。

第一，我们要知道移动学习主要是利用电子设备进行学习，在学习的过程中会呈现出电子学习的主要特点，同时将相应的电子学习和各种形式充分地融合起来，可以让学生学习起来更加便捷。移动学习的模式相对于传统模式来说更加灵活，学生的自主性和交互性得到了极大的保障和提升，当教师运用科学技术来进行移动教学时，就会清楚地明白移动学习会更加有利于保障学生的学习效率。

第二，移动学习涵盖了电子学习的有关特点，有着较强的可移动性。传统教学模式下学生学习会受到教学场所的约束，学生只能在课堂上学习有关的内容和知识，虽然在家中也可以开展相应的学习，但是学习效率是无法保障的。在传统模式下，学生的课堂学习效率是最高的。移动学习模式有效地规避了传统教学所存在的弊端，它不会限制学生要在课堂或者是电脑前进行学习，而是让学生采用各种方式、随时随地开展学习。与此同时，教师、教学环境、技术也存在着可移动的特点，更好地适应了时代的发展。

从实际的教学效果来看，移动学习模式充分地利用了互联网技术。一些小型的设备就可以作为学生学习的终端，像电脑、手机等都可以。

（二）移动学习的特点

作为信息时代的新型学习类型，移动学习具有以下特点。

1. 手段灵活

移动学习主要是对数字化内容进行获取和了解，并且这些内容具有共享性、扩展性等特征。操作时学生只需要通过学习终端设备，连接无线网络，就可以结合自身状况及需求，选择相对应的数字化资源进行学习。这种方式打破了传统学习模式的限制，使学习更加灵活。

2. 应用软件安装与更新便捷

情境和移动性是移动学习最核心的要素，其中学习情境会随着学生、教师的移动而发生变化。学生可以通过自身携带的移动终端随时连接网络，对应用软件及设备进行安装和更新。

3. 内容个性化

移动学习不会受到时间、地点的限制。学生可以结合自身兴趣及需求，对相应学习资源进行搜索和选择，以满足自身多样化的学习需要。

4. 交互及时

在移动学习过程中，学生还可以借助微信、QQ等社交软件与同学或教师展开积极的沟通交流。这除了可以更好地解决学生学习过程中遇到的问题以外，还能够分享自身的学习经验，帮助学生掌握有效的学习方法。

（三）移动学习的发展

教育学家德斯蒙德·基更认为，在未来，随着移动学习的不断发展，将会形成远程教育高职院校以及网络高职院校等相对独立的移动高职院校。由此可见，移动学习是一种极具发展前景的学习模式，将成为未来学习不可或缺的一部分。目前，欧美发达国家关于移动学习的实践和研究较多，且取得了一定的成绩，逐步将其应用到了社会的许多层面，包括中小学教育、职业教育、高等教育等。而在国内，经过十几年的探索，许多学者在移动学习实践和推广方面也取得了一定的理论成果和积累了经验，目前正处于移动学习平台和环境建设、学习资源开发整合以及服务建设阶段。

在国外，移动学习模式还处于初级阶段，大都以测验、语法练习为主。但当前移动教学思路突破了狭隘的范围，从以往的教师、学生、文本这一模式向以多媒体为支撑的多语境教学模式发展，以解决实际问题。另外，由美国学者赞恩和米伦堡联合主编的《移动学习手册》一书对移动学习的定义做出了特别的强调，书中指出移动学习即通过社会和内容的交互，使用学习者自身的电子设备实现跨情境的学习。学者沙普尔提到当前已经有大规模的移动学习，如英国广播公司软件平台（BBC），大约有600万人使用手机进行学习。而且沙普尔提到了利用移动学习最成功的两大案例：一是电子书。电子阅读器让更多的人有机会接触名著，尤其是古典文学，可以满足学习者的免费学习需求。二是慕课。它是一种面向全社会的学习课程。

早在2001年，斯坦福学习实验室便对移动学习进行了实验研究并得出了如下的具体结论：第一，移动学习是一种整合碎片时间的学习方式，需要学习者精神高度集中，而分散学习者注意力的事情需要课程开发和研究者重视。第二，学习是一种个性化的过程，需要学习者在具体环境中实践，因此移动教育课程要有好的界面设计，从而满足学习者的需求。第三，挫败感会降低学习者对系统的信任，并使学习者产生懈怠心理。移动通信技术的不完备会导致学习者无法有效识别声音，甚至会出现学习菜单功能的失效。国外还创办了专门的移动学习研究期刊，将移动学习广泛应用到了教学的各个层面，比如，基础教育、高等教育、职业教育等。

互联网背景下，国内一些学者也加强了对移动学习的研究，并取得了一定的成果。总体来看，国内移动学习研究依然在摸索中，距离形成规模依然有很长一段路程。在理论研究阶段，学者黄荣怀等和王建华等分别著有《移动学习——理论·现状·趋势》《移动学习理论与实践》；在实践研究中有学者田剪秋的《移动语言学习的发展现状和趋势》。其中，学者郭红霞从高职院校学生视角出发，调查了高职院校学生对移动学习的认可程度和期望，通过研究分析得出了具体的结论：部分的学生对移动学习表现出了极大的兴趣，却没有全面把握其内涵和实质，对学习内容提出了"短小、精悍"的要求。

（四）移动学习的优势

移动学习在英语教学中的优势主要体现在以下几个方面：

（1）移动学习平台为学生学习英语提供了一个长期稳定且资源丰富的语言环境。这个语言环境不受时空的限制，让学生可以在任何时间、任何地点，利用任何设备进行语言学习，有利于学生英语语言的学习和自然习得。

（2）移动学习平台可以为学生创设具体、真实的语言使用情境。情境认知理论强调语言学习主体知识和能力的发展与学习情境之间的互动关系。移动终端以交互性、便携性和高性能等特点，从传统的信息传递工具转变为学习者的知识建构工具，让学习者随时随地能够接触英语相关知识，为学习者创设了良好的英语学习环境，最终促使学习者进行知识内化、意义建构。

（3）英语移动学习有效降低了学生语言学习过程中的焦虑感，特别是有助于那些内敛、自尊心强、不敢大胆开口表达的学生，使这些学生在轻松自由、没有压力的环境下同教师和同学进行更多的互动和交流，从而促进其语言能力的提升。

（五）英语移动学习存在的问题

英语移动学习模式给师生带来了诸多便利，但不可否认的是，英语移动学习模式还正处于发展与完善的阶段，其实践过程中不免存在各种问题，影响着英语教学目的的达成。综观现实情况，英语移动学习存在的问题主要有以下三方面：

1. 软硬件设施配置不够完善

目前，移动学习模式在英语教学中逐步推广，与之相关的制度、无线系统以及规范化实施流程等还处于探究阶段。在这种情形下，英语教师的个人能力有限，很难从众多的移动应用软件和网络英语教学资源中选出符合实际需求的、可用的资源。另外，部分院校对英语这门基础公共课程的重视程度不高，所以对与英语移动学习相配套的教学资源开发也不太重视，最终影响了英语移动学习模式的构建和实施。具体表现为英语移动学习网络环境不佳、英语移动学习实施标准不同等。

2. 移动学习落实不到位

英语移动学习模式属于一种新型的教学模式，而其实施和推进离不开新媒体技术，但是大多数英语教师更专注于学习和掌握英语方向的知识和技能，对运用新媒体进行英语移动学习的要求和流程并不清楚。从实际情况来看，有相当一部分英语教师对移动学习资源的搜索、加工、优化等一知半解。另外，由于缺少相关的学习机会和学习平台，英语教师也没有好的渠道获取更多关于新媒体技术的教学理念和先进经验，以及移动学习模式的实施要点等。这最终导致新媒体环境下英语移动学习的实施效果并不理想。

3. 对移动学习的认识不到位

在英语学习过程中提到"移动学习"，很多学生会认为是在新媒体技术的支持下完成教师布置的学习任务而已，他们把"移动学习"理解成了课外学习任务。在这种不正确的认知前提下，一部分学生的英语移动学习只是一种形式，并未根据具体的目标学习英语。再者，一些学校学生英语基础较差，加之其学习主动性较差，未能掌握行之有效的学习策略，所以，移动学习模式下，学生很难自主选择合适的学习时间、学习地点、学习环境。这样违背了英语移动学习的初衷，不利于取得良好的学习效果。

二、移动学习资源概述

（一）移动学习资源的概念

移动学习资源以移动终端如智能手机、平板电脑、笔记本电脑等作为学习载体，随时、随地、随需为学习者提供学习的资源。首先，区别于一般的学习资源，移动学习资源是经过数字化处理并能通过移动设备呈现、传输、共享的信息化学习材料，受时空的限制少，优势明显；其次，基于移动资源的学习对于已经拥有较高自主性和自我导向式学习技巧的少数学习者作用明显。虽然目前移动学习资源数量多、覆盖广、获取渠道多样，但同时其存在着数据冗余、资源无序、质量不一、条理性不足、碎片化严重等问题。因此，为提高移动学习资源的质量和运用效果，资源的建设者需要充分考虑资源的适切性，以及学习者的水平、需求、兴趣等与课程设计的有机融合等。

（二）移动学习资源的优势

移动学习资源除了移动性、易用性、满足泛在学习和碎片化学习需求的优势以外，对于学习者而言，它的优势还包括以下两个方面。

1.资源的多样性满足学习者个性化需求

我国的高等职业教育大约有 800 多种专业，行业与行业之间对毕业生英语能力要求差异很大，同一行业不同岗位对英语技能需求也存在差异。单纯的课堂学习和单一教材文本输入已无法满足学习者依据行业、岗位、职业发展、个人兴趣等而进行延伸性学习的需求。所以利用移动学习资源自主学习是学习者根据自己的学业、职业发展规划、兴趣来构建自己知识体系的重要途径之一。

2.移动学习资源是拓展学习时空的重要途径

受制于学制短、英语课时缩减、在校学习时间短等客观条件，高职院校英语教学不可能满足学生所有的英语学习需求。移动学习资源具备随时、随地、随需的优势，是拓展学习时空的重要途径。

移动学习资源提供海量语言输入，能够满足学生泛在学习的需求，提高语言输入的质和量。语言习得的特殊性要求学生学习语言时要有大量可引起注意、有意义、可理解的语言输入，移动学习资源是一种重要的语言输入材料。

移动学习的发生需要一定的设备和环境支持，但移动学习资源本身存在一定的问题，如资源质量对学生进行移动学习的影响的程度要高于外部环境不安定对学生进行移动学习的影响的程度，因此对学生使用英语移动学习资源背后的动因、需求、偏好等进行调研是建设和设计高质量英语移动学习资源的第一步。

（三）移动学习资源开发的意义

1.突破传统教育模式

在英语课堂中，多数教师采取较为传统的英语教学方法，将英语的语法理论教授给学生之后，让学生课下巩固自我学习，这种教学方法存在着很大的弊端。学生从内心抵触英语的学习，固定的英语教学现场也会使学生缺乏学习英语的兴趣，学生不能实现和同学之间的交流，也不能实现和教师的良好对接，好的英语建议和学习方法不能共享，教师也不能真正了解学生所存在的问题。而移动学习突破了这一弊端，可以实现学习场景的转化、学习时间的合理安排。学生在日常生活的各个时间、各个场所都能观看英语教学视频，获得英语知识，比如，一些同学下午约去咖啡厅，在咖啡厅就能实现自由学习，如果乘坐交通工具时有空闲的时间学生也能实现英语知识和信息的接收。如果是相对传统的英语学习方法，学生往往是从书籍上获取英语知识，而移动化的学习模式可以使学生从网络上获取多样化的英语知识，构建完整的英语学习体系。并且学生学习的英语知识可以和自己的专业相对口，如学习会计专业的学生可以学习相关英语术语，增强自己的会计沟通能力。移动学习针对不同专业的需求，提供不同的英语学习体验。学生也可以在相应的移动系统上下载相应的英语学习软件，为自身英语能力的提升寻找更加便捷的通道。

2. 拓展学生学习的时间和空间

由于英语学习在我国普遍地受到重视，现在英语应用软件开发也如火如荼，各种英语口语应用软件层出不穷，其中很多应用软件都受到学生的喜爱。因为应用软件都是下载到手机上使用的，目前智能手机在学生中普及度较高，这使得移动应用软件的普及速度加快，极大地拓展了学生口语学习的空间和时间。学生不仅在课堂上可以积极参与口语互动，在课下也可以利用网络平台和应用软件学习终端与教师积极互动。这就使口语学习的空间和时间大大拓展，学生只要"一机在手"，就能随时随地进行学习。

特别是现在英语课普遍被压缩，英语教学时间非常有限，这就需要教师不断开拓英语第二课堂，激励引导学生利用碎片化时间学习。从教学实际来看，英语应用软件确实为广大教师和学生解决了这一问题。英语应用软件既能满足学生个性化、趣味化的学习需求，又能帮助教师及时监督、反馈学生的学习过程，有利于师生互动、生生互动。

3. 增进师生感情

在传统的课堂上，教师需要完成相应的教学任务，在课堂上不断地输出，缺少了与学生进行互动的机会。传统课堂除了理论知识便很少有其他的讨论话题，教师和学生之间缺乏互动。而在移动学习的模式下，学生可以利用在线咨询的方式来跟英语教师进行充分的沟通和交流，同时，教师也可以传授给学生有关英语学习的方法。学生除了学习，还需要进行日常的生活，那么他们就可能面临一些问题，在移动学习模式下，学生也可以及时地和教师进行交流，询问教师有关的解决方法，这样可以极大地增进师生之间的感情。学生会对教师产生一定的信任感，在课堂上会以更加热情饱满的状态投入学习活动中，这又进一步增进了师生之间的感情。

第二节 应用软件资源

一、通信软件（微信）的应用

随着"互联网＋"时代的到来，有关移动学习方面的研究引起了国内更多学者的关注。微信是腾讯推出的一款面向终端用户的智能化、简单化、便捷化、即时性的通信软件，微信为用户提供聊天、生活缴费、外卖、打车等功能。微信软件功能覆盖面广，几乎覆盖了人们日常生活的方方面面。对于学生来说，微信是其进行日常生活、学习、社交等的非常重要的工具。微信为学生学习英语提供了多元化的学习方式，为英语教学提供了全面化教学的可能性。

众多学者都认为微信应用于英语教学具有积极意义。微信能整合手机通信录、腾讯 QQ 好友，具备快速发送多媒体信息等功能，是用户专属性很高的移动设备通信软件。

（一）为学生提供了学习英语的平台

微信为学生学习英语提供了更多便捷。学生通过微信搜索可以快速进行英汉翻译，对于不认识的英语单词可及时进行查看，可更快地学习英语单词。对于英语单词发音不标准的问题，学生可以通过微信搜索查找该单词，对网上语音进行跟读，更正自己的发音错误。学生习惯用汉语语法来翻译英语，其实英语语法与汉语语法有一定的区别，学生可以通过微信学习语法知识，微信群里的学生之间可以相互学习，分享学习英语的方式方法，交流在英语课堂没有学习明白的知识。微信群沟通，可以活跃学生学习氛围，增加学生学习英语的乐趣。英语是一门实用性和应用性都很强的课程，对于学生将来工作会有一定的帮助。特别是英语专业的学生，他们可以利用微信纠正自己的英语口语发音、增加自己的英语词汇量。

（二）为学生提供了展现自我的平台

微信软件给不善于表达的学生提供了一个展现自我的平台。一些学生因为不善于言谈，课堂上很少回答问题，就算学习问题也不敢向教师提问，久而久之会有放弃学习英语的想法。一些学生英语考试成绩良好，就是说不出口、不敢说、不好意思说。微信平台在教学中的融入可以更好解决学生的这些问题。教师鼓励学生在微信群发语音提问题与英语朗读，使学生从刚开始的羞涩慢慢地成熟，让英语在日常生活中得到应用。英语口语的培养对学生的性格也会有一定的影响，会使学生变得开朗自信。

（三）为师生提供了互动平台

由于课堂时间比较有限，教师与学生之间的沟通交流比较少，相互之间不大了解。教师可以建立微信群和学生在群里沟通交流，学生通过微信群向教师请教问题，教师通过微信群为学生解答。

在传统教学中教师占主体地位，学生一般没有发言权，只是听教师说。如果把微信软件应用到英语教学中，主次位置就会发生转变，教师不再是这场"话剧"中的主角。下课后学生通过微信针对课堂中没有听懂的问题向教师提问，教师通过微信发语音快速回答问题。例如，学生对某个单词的应用没有明白，可以通过微信群向教师提问。

教师可以要求学生下课后读一段今天所学的英语课文，并通过微信语音功能发送到群里，锻炼学生的口语能力，让学生把英语讲出来、读出来，从而检验学生的口语发音。教师可以要求学生在群里进行全英文聊天，不允许出现汉语，让学生将所学英语应用到日常交流中，可使学生更快地记住单词以及单词的应用方法。教师可以通过微信群给学生分享优质英语书籍，也可在群里发一首英文歌的歌词或一首英文诗词，使学生在英语课后也不断学习英语知识。教师通过学生在群里的表现结合考试成绩给学生打分，使学生的考核相对来说更加公平。

当然，微信在英语教学中也具有不利影响。首先，线下教学容易被忽视。微信为英语教学带来了便捷，微信使用的普遍性让人们往往忽略了微信带给人们的不利影响。虽然微信为英语教学带来了新的教学方式，也便于教师树立学生的学习理念，但是教师过于依赖微信会对线下课堂教育造成负面影响，比如，会造成课堂教学内容空洞、教师上课比较敷衍。因为利用微信与学生互动交流给教师增加了工作量，教师会注重课堂教学的充分性而非适当性，会更为关注课程的进度而忽略教学的质量。学生课堂上不认真听讲，过分依赖微信群，这种情况无形中增大了教师的工作压力。其次，对学生英语学习有负面影响。移动课堂给予教师教学帮助有目共睹，为改善传统教学提供新型的教学理念。移动课堂以人为出发点，与英语教学的出发点相近，为学生学习英语提供了很多便利，但也会造成学生过分依赖移动软件。学生不懂就查、不懂就问，自己未能认真思考理解，从而会造成自身过于依赖移动软件。随着计算机在学习与工作中的广泛使用，人们出现了"提笔忘字"的现象，其实学习英语也是，学生如果过分依赖微信软件，也会出现这种现象，这就有违微信引入英语教学的初衷。学生太过依赖微信软件，不专心学习英语知识，会忽略学习英语知识的重要性。微信为英语交流带来的便捷会让学生出现一种错觉，让学生认为自己没有必要辛苦学习英语知识，借助微信的翻译功能就可以正常交流。

二、英语学习应用软件的应用

随着课程资源的不断丰富，英语课堂教学的外延不断扩大，但由于学时不断缩减，课上时间变得极为有限，英语课堂内外割裂现象日趋严重。新的变化要求教师对英语教学进行调整，教师急需新的手段和渠道将课堂内外的教学资源有机结合起来，使课堂"移动"起来。英语学习应用软件作为新的移动学习工具，可有效激活课外学习空间。

然而，现在英语学习应用软件的开发和使用并不成熟。目前运行使用的应用软件在质量、种类、功能和实用性等方面不尽如人意，造成了学生"参与度高、期待值高、满意度低"的问题。此外，学生在应用软件的选择和使用方面缺乏有效指导。应用软件如何改进和完善，教师在学生移动学习方面应起到怎样的指导作用等问题需要学者深入思考。

英语学习应用软件为学生提供了丰富的口语练习资源。传统英语口语课堂的教学资源大部分是由教师提供的，无论线上线下，教师提供的资源是口语练习的主要资源。这种教学资源对于学生的个体差异、个人兴趣、口语基础涉及较少，一般都是针对绝大部分学生的，因此，影响了一些学生的学习兴趣和学习效率。相反，英语学习应用软件能够提供更为丰富的教学资源，丰富的学习资源能激发学生的学习兴趣。同时，现在很多英语学习应用软件都支持网络资源免费下载，每天更新的英语学习资源特别适合学生练习英语口语，也能更好地激发学生练习口语的兴趣。而且利用应用软件下载资源，更有针对性，更符合学生学习的特征，也更有利于学生练习口语、提高口语能力。

三、影响应用软件资源使用的因素

（一）应用软件开发与英语课程的结合度

应用软件将与高职院校英语教学相关的资源整合起来，统筹课内教学资源和课外移动学习资源，提供统一入口和学习导航地图，促进课堂内外延展衔接；利用移动网络建立师生间的多维交流空间，提供在线练习、模拟测试、自评互评等功能，为高职院校英语教与学提供中介平台。学生可利用应用软件平台上的微课、慕课资源，随时随地进行移动式课程学习。开发课堂配套产品需要开发者具有技术实力并熟悉高职院校英语教学内容。开发者要严把质量关，运用技术实现内容在移动端的合理呈现。应用软件的开发可由高职院校英语教师与相关技术机构协作完成，教育背景与技术实力相结合可为高职院校学生英语学习提供精准服务。针对英语课程的应用软件可为学生提供理想的英语移动学习资源，具有巨大的潜在市场和发展空间。

（二）应用软件的质量管理水平

现有的各类英语学习应用软件良莠不齐，内容质量堪忧，权威性不足，产品类型单一。应用软件资源的信息污染会导致高职院校英语学习环境的生态失衡，因此相关部门应严格把关应用软件质量，提高准入门槛。目前，词典类、单词记忆类、口语类、阅读类和听力类等学生常用的应用软件还存在很多问题，无法完全满足学生英语学习的多维需求，应用软件的种类和功能亟待扩充。此外，翻译类应用软件种类较少，能为学生提供口笔译翻译实践的应用软件更是凤毛麟角，而翻译作为高职院校英语听、说、读、写、译五项基本技能之一本应得到重视。更令人担忧的是，写作类应用软件几乎难觅踪迹。语言和思维的培养需要时间的浸润，英语学习应用软件可以让写作也"移动"起来，摆脱纸、笔、课桌的硬件束缚，改掉学生懒于动笔的习惯。

（三）应用软件真实语言学习环境

我国高职院校英语教学缺少英语学习所必需的自然环境和社会环境。单一课堂教学与学生的就业需求、职业能力培养严重脱节，导致了教学目标"多样性"的失衡。我国高职院校人才培养机制与社会需求存在脱节现象，仅少部分高职学生符合跨国公司的人才要求。语言学中的"花盆效应"表明，学生如果一直处于封闭的语言学习环境中，与现实生活脱节，一旦被置于真实社会环境中，就会无法适应社会需求，出现学、用"两张皮"的后果。在学生课外自主学习环境中，利用应用软件创设真实的语言学习环境是对高职院校英语教学的有效补充。应用软件语言应标准、地道，增加文化知识，紧跟时事前沿，尤其应包括学生在实际学习、生活中常用的情境用语。词典类和单词记忆类应用软件在提高信息准确性的同时，其例句应具有典型性和时代性；听力类和阅读类应用软件应在内容上为学生提供真实的语言素材，浸润学生的语言素养，潜移默化地影响学生的语言思维；口语类应用软件应在跟读、朗读基础上提供真人对话机会，对话对象可以是教师、英语母语者或具有口语考试等级资质者。

（四）应用软件的社交功能

生态学中的"共生效应"认为，单独生长的植物有可能枯萎死亡，而与另一种植物一起生长，两者都会生机勃勃、长势旺盛。英语学习亦是如此，学生不应只局限于自己的小圈子，而应进行合作学习、提升竞争意识。学习活动应该是相互的，学习者之间应建立生态化合作伙伴关系。每一位个体学习者都是其他学习者的助学者。学生之间的激励作用和榜样作用有利于引导学生培养积极的归因习惯和自我调节能力，促进学生自主学习能力的形成和自主学习水平的不断提高。应用软件作为学生英语移动学习的新工具，应提供师生间、生生间的交互功能，使学生在学习过程中随时可与其他学生进行沟通交流。

（五）高职英语教师的角色

新时代的高职院校英语教学已转变为"教师主导、学生主体"的"双主"模式，教师的主导作用不可缺少。信息化时代，当网络全面应用于英语教学时，学生对教师作用的期望值更高。教师的主导作用除了体现在课堂面授上，还应体现在整体教学的组织上，教师在学生课外移动自主学习时应做相应的辅导。在信息化背景下教师扮演着多元化角色——有效引导者、协助者和学习资源提供者。教师要扮演好信息化时代的多元化角色，适当介入学生自主学习过程中，在资源的选择、进程的监督、任务的布置和学习成效的评价等方面起到主导作用。

（1）教师是英语学习的引导者和协助者。目前高职院校英语教师对学生的课外英语自主学习介入程度较低。郭坤等学者调查发现，高职院校英语教师对学生的学习过程缺乏指导监督，对学生的学习效果缺乏评价意识；学者周莹的调查表明，很多学生认为教师对自主学习的时间、内容缺乏监督，学生在自主学习过程中得不到有效反馈，这影响了自主学习的效果；段婷等学者对基于手机应用软件的高职院校英语自主学习模式进行了探究，结果表明，教师的引导更有利于学生课外自主学习的主动性和持续性的提高，教师推荐的应用软件也有利于学生培养各项学习技能，特别是听和说的技能。教师应重视学生的课外自主学习，将应用软件纳入教学体系，对网络环境中的海量学习材料进行分类，结合学生的知识水平、思维方式、学习风格、心智能力等因素合理恰当地运用学习材料，指导学生选择适合具体学习需求的各类英语学习应用软件，同时引导学生运用自我规划、自我调控和自我管理等学习策略，有效提升学生课外自主学习能力。

（2）教师是英语学习资源的提供者。移动学习背景下，教师要主动探索优质教育资源，构建和充分利用资源共享平台，开发适合本校学生学习的教学资料，补充课堂教学的不足。作为学生自主学习资源的提供者，教师应适时地向学生提供自主学习的各种资源，并有效、动态监督，引导学生培养学习责任感，使他们能够驾驭自己的学习，真正成为学习的主人。高职英语应实现"以教师为中心"的教学模式向"教师主导、学生主体"的教学模式转变。

（六）高职院校信息化管理水平

（1）高职院校应加强校园网络建设，解决网络不畅导致的流量负担问题。耗费流量不仅增加了学生的经济负担，更影响了应用软件使用的效率。加快校园互联网建设、扩大网络覆盖面积是提升应用软件使用效率的前提和保障。

（2）高职院校应为教师开发英语应用软件提供支持。高职院校应鼓励教师建设和使用微课、慕课等教学资源，利用网上优质教学资源拓展教学内容。微课和慕课的制作需要学校提供硬件和软件支持，包括设备、经费、人力等。

第三节　微课资源

一、微课资源概述

早在 1993 年就有美国学者提出了"60 秒课程"这一概念，这让更多学者将关注点放在"短"课程中。直到 2008 年微课的概念才正式出现。所谓微课，是一种微型课程类型，此种教学方法在实际应用的过程当中，围绕某个知识点，依靠精练的内容，以视频教学的方式吸引学习者的注意力，达到提高学习效率的目的。由于微课具体的教学内容具有一定的针对性，因此其能够为学生讲解教材中的主要内容。通常情况下，每个知识点的讲述时间控制在 1 分钟之内。假如教学时间太久，或者讲解出现太过频繁的情况，可能会降低课堂的教学效率。对于高职院校英语教师而言，在实际教学的过程当中采用微课教学方式，可帮助学生深入理解相关英语知识。一方面，带给学生全新的学习体验；另一方面，则提高了网络教学资源的利用率，为学生提供了更加丰富的英语学习内容。微课资源具有以下特点。

（一）碎片化

微课的内容比较短，一般都在 1—10 分钟，因此碎片化是微课的主要特征。微课的碎片化特征对于高职院校学生来说有利也有弊。首先，碎片化的学习方式符合现阶段高职院校学生的要求。高职院校学生除了要学习英语课等通识课程外，还要学习专业课，以及顾及社团活动，因此学生很难抽出大量的时间学习英语。比如，在高职院校英语阅读教学中会涉及"非限定性定语从句"的相关内容，该部分内容较多，虽然学生在高中阶段学习过"非限定性定语从句"的相关内容，但是较浅显，学生可以运用碎片化的时间复习"非限定性定语从句"的相关内容，避免在课堂上读不懂文章。其次，微课的碎片化特征也存在着一定的弊端。碎片化学习是将一个大的知识点拆解为多个小的知识点进行学习，碎片化虽然能够帮助学生迅速地掌握重难点内容，但是不利于学生形成系统性的英语思维。

（二）内容少

微课不同于传统的教室，其在实际教学中主要针对特定的主题以及教学重点，更加便于教师进行主题教学。微课存在的价值是突出课堂教学中所要表达的重点以及难点问题，学生通过聚焦的方式进行二次学习，这就要求所要学习的课程内容更加精练，从而便于学习和理解。

（三）容量小

微课主要利用视频以及其他辅助教学硬件来进行，例如，一堂微课在电脑上所占用的空间只有几十兆字节，同时视频的格式也是非常丰富的，几乎涵盖了所有的媒体格式，这样教师和学生在教学和学习的过程中就方便了很多。容量小的微课资源也非常便于储存和携带，通常一些常用的存储设备都能够很容易地对微课资源进行储存和转发，这样更加方便了教师的教学以及学生的学习。

（四）使用方便

微课资源构成"情境化"，使用方便。微课教学形式多样化，同时其所要表达的教学内容非常明确。多样化的多媒体素材更加容易使教学内容情境化，从而加深学生的理解。教师在进行微课教学时利用情境化的教学课件更容易将学生带到教学情境中，这样学生将会更加具体地领会教学中的内容，同时这种教学方式还能够锻炼学生的思维能力以及感知能力。长期的微课学习同样可以提高教师的专业能力，从而提升课堂教学质量。学校同样可以针对微课进行教学改革，利用微课带来的优势补足自身在教学模式创新方面的短板，从而提高学校的影响力。

（五）主题突出

微课具有主题突出、内容具体的特点。通过对单一问题以及难点的讲解，可以加深学生对知识点的理解。微课在解决一些如学习策略、学习方法等非常具体而明确的问题时具有非常积极的作用。

（六）反馈及时

微课教学内容少，而且教学时间短。教师在教学结束后很容易得到学生对于教学内容的反馈。同时微课的作用是对教学进行辅助，从而使得教学内容更加具有针对性。

二、微课资源存在的问题

因为微课具有内容精练、时间简短、运用灵活、传递知识快等多个特征，所以借助微课来进行教学的教师越来越多，而且微课也深受学生喜爱。不过因为微课的发展史较短，教师在具体实施过程中还是不够熟练，主要存在以下问题。

（一）应用存在分歧

现在微课慢慢地成为教育行业的新宠，学校也提倡将它运用到实际教学当中去。可是因为微课出现的时间并不长，到目前为止并未给教师指出一个明确的教学方向，相关部门也未制定出一个统一的实施标准。教育专家也是众说纷纭、各持己见，有的专家觉得微课不应该面向学生，因为学生的英语水平参差不齐，部分学生无法在短时间内掌握微课中所有的知识点，微课应该面向广大教职员工，让教师借鉴他人的教学视频，对照自己的教学方法，取其精华、去其糟粕。教师还可反复研究自己制作的微课，找到不足之处、纠正调整，以提高自己的教学水平。有的专家则认为微课适合用于教学，学生通过这种方式更容易理解教学内容，微课更能激发他们的学习热情。关于微课暂时未形成一个统一的实施标准，也没有一个明确的教学方向，教师在操作过程中不明白侧重点是什么，不能很好地展示教学内容。这些因素限制了微课的发展。

（二）课程内容的讲解不够透彻

微课视频一般不宜超过 10 分钟，但是录制微课视频比传统教学要难。这与微课的基本特征有关，微课虽然时间短、内容少，但所含内容是专业性很强的知识点，这些知识点要在有限的时间内让学生理解掌握实属不易。在此过程中，教师不仅要组织好语言，还得保证教学的流畅性，教学内容也一定要讲解透彻。微课可以以演示文稿、视频等多种方式呈现。学生一般通过观看微课视频进行自主学习，所以教师在录制微课视频的过程中一定要设计一些有趣的环节或是用幽默诙谐的语言来调动学生的积极性，让他们在一种轻松愉悦的氛围中学习。可是，在真正录制的时候，教师因为在此方面涉足不深，所以在教学方法的运用、知识点的选取等多方面都存在不足之处，过于注重缩减时间，却忽略了更为重要的知识讲解模式。甚至有部分教师直接缩减平日上课所用的演示文稿，再将其制作成微课。

（三）微课的制作技术有待提高

英语微课视频的录制离不开视频制作，视频录制是微课制作必不可少的环节。微课视频的制作要求英语教师要掌握一定的视频录制技能。微课通常是用手机或者专业的录制设备进行录制，并使用专业的软件来进行剪辑的。视频画面和声音的清晰度等因素直接决定了英语微课视频的质量。但是，绝大多数的英语教师都是英语专业毕业的，他们对视频的录制基本上没有进行过专业的培训，所以对视频的录制以及处理的程序不太清楚，也就谈不上对相关专业软件的应用了。

（四）微课的教学内容分散

因为微课的发展历史较短，教师对它不够了解，操作也不够熟练，而且教师日常的工作比较繁忙，没有太多的时间对微课进行深入的研究，所以录制难以持续进行，无法将所有的知识点全部联系起来做成微课，只是针对具体某一个句型或是某一个词组来展开教学，所呈现的知识也比较零散，无法连贯起来，更加不能构成一个整体。由于学生的英语基础不够扎实、知识体系也并不完善，所以学生学习起来比较困难，像这种零散的知识学习反而可能让他们比较困惑，从而失去了学习的方向。另外，学生也不能借助微课来学习完整的知识。如果学生所接触的知识都是零零散散的，那么他们难以整体掌握所学内容，这样会降低他们的学习兴趣。

三、解决措施

面对微课资源存在的问题，可以从以下几个途径进行解决。

（一）树立统一的微课教学观念

相关部门在统一部署安排微课的过程中，需要进行大力宣传，鼓励更多英语教师参与到微课当中，让教师不仅要接受微课更要学会自己制作微课课件，使教师的思想一致。相关部门不仅要指引教师制作微课课件，更要从思想上引导教师，帮助他们转变传统的教学观念，从而制定新的教学目标。微课的本质就是让学生成为教学中的核心和中心，英语教师根据学生的需求设计微课并将其运用于教学中。在制作微课的时候，教师可以用多种多样的方式和形式来展现课堂内容，将学生的喜好融入微课当中，从而提升微课的趣味性和独特性。除了充分调动教师参与微课制作的积极性，相关部门还要对微课的内容进行正确的引导，使这种新型的教学模式与传统的教学内容相适应、相呼应，从而最大限度地发挥微课视频的功能，使其能更好地对传统教学的内容进行补充，让学生在英语课堂上更好地吸收课程内容，通过不断的练习更好地理解教学内容。

（二）培训英语教师的微课视频制作技术

制作优质的微课视频离不开英语教师熟练的操作技术。教师不仅需要掌握最基本的微课视频制作理论知识，还要克服各种技术难关，掌握视频制作的基本技巧，熟练操控微课视频制作软件。微课视频的制作对于很多教师来说会很难，仅依靠个人自学很难完成制作任务。

有些英语教师在微课视频的制作过程中会碰到困难和阻碍，从而产生放弃的想法。面对教师的畏难情绪和不自信的情况，有关部门需要积极开展相关培训活动，开通技术支持通道鼓励教师制作微课视频。此外，学校也要充分整合校内外的资源，搭建校园沟通内训平台，并且可以专门聘请技术人才来培养英语教师制作微课视频的技能。各部门同学校齐头并进、联手合作，这样才能消除教师的畏难情绪，从而激发教师积极创作微课视频的动力。

（三）组建英语微课视频制作技术研发团队

只凭借个人的力量很难制作出高品质、特色化的英语微课视频。要想将所有教学资源进行整合和重组加工，并且制作出优良的微课视频，需要依靠团队的力量。相关部门要组建专门的队伍研发英语微课视频，尤其是教育部门要进行牵头，充分整合所有教育资源，通过科研立项来吸引更多的专业人才，尤其是视频制作方面的技术人才，从而形成新的教育团队，让他们共同完成英语微课视频的制作工作。英语微课视频的制作不仅要高质量、高效率，还要有系列化的内容。有关部门要积极推进英语微课视频制作团队的构建，多开展英语微课视频的项目活动。例如，以小组专题研讨的形式开展英语教师的交流活动；以培训授课的方式组织英语教师进行微课视频的制作与设计。总之，我们应组建英语微课视频制作技术研发团队，以提高英语教师制作微课视频的技术水平。

（四）强化英语微课的系统性

英语微课之所以需要具备一定的系统性，是因为一门学科的形成离不开知识结构框架的组建。团队在分工制作英语微课视频时要重视并强化微课视频的系统性。微课视频可以围绕教材的内容展开，教师可将英语教材知识融入制作过程中，从而形成系统化的视频内容，以便于微课视频应用于英语教学中。系统化的微课视频有助于学生及时获取英语知识、形成完整的知识框架、掌握英语学习的技巧方法、熟悉把握英语学习的重难点，以及在薄弱的地方加强学习、在擅长的地方加强巩固，让学生的英语综合能力得到不断提升的同时，使学生形成自己的学习方式和学习思维，大大提升学生的积极性和自信心。

四、微课资源开发与应用的实践路径

微课资源具有极大的优势，如何进行微课的开发与应用是有一定的实践路径的。

（一）符合学生的实际需求

教师应该根据学生学习语言的具体需要来确定微课的开展方式。教学内容要合理而丰富，以获得预期的教学效果。高职阶段学生学习语言的需求主要有两个方面：一是需要学习一些英语课程的基础知识；二是提高自身使用英语的技能。教师可以以此为目标来设计微课，针对学生学习基础课的需要，在微课中增加全国大学英语四、六级考试的相关内容。教师应根据高职英语的教学目标，按不同的内容和顺序来设计微课的内容，如语义知识和篇章结构知识。

对学生进行听力能力、口语能力、阅读能力及写作能力的培养也是高职英语教学的目标。教师应该据此目标制作一些相关的微课视频，方便学生根据自己的需要来选择性地学习。将微课引进教学过程后，教师应当及时建立一个方便、快捷的交流平台，引导学生在这个专用平台上进行交流、讨论遇到的问题，从而潜移默化地提高他们参与微课的热情。

（二）保护英语微课的著作权

微课教学视频是微课重要的教学资源，所以必须做到制作精良、选择准确、共享便捷。视频类资源是微课视频的制作基础，目前我国网络上的各类视频资源质量不一，制作者需要针对高职英语教学的需要进行精心的筛选，努力制作出质量上乘、丰富实用的微课视频，让微课教学健康有序地在高职英语教育中发挥应有的作用。

从法律层面来看，我国的互联网资源在产权保护及共享方面还缺少严格而周密的相关规定。因此，高职院校和教师都应提高这方面的意识，在积极投入人力、物力、财力，加快制作微课视频进度的同时，也要注意保护好属于自己的微课视频的著作权。只有做到发展和保护并举，高职英语微课教学才能沿着健康高效的道路前进。

（三）完善英语微课教学系统

高职英语教育中采用微课的模式，对促进高职院校教学改革意义重大。在高职院校英语教学中推广和运用微课的模式可以推动微课研究的深入开展。学校和教师应当从微课的教学实践中总结经验，不断更新微课的授课内容和教学方法。教师应在教学的过程中发现问题、解决问题、积累经验，争取创建一套科学实用的微课教学理论，使之成为微课教学不断取得进步的基础。直接面对学生的教师应当结合自己的角色优势，边摸索、边分析、边总结，把自己的教学实践经验同微课的教学理论结合起来，努力探索新的可以与微课相辅相成的教学方法，把微课教学的优势充分发挥出来，使得高职英语教学改革稳步推进。微课具有便捷、开放、活泼、丰富的特色，这种教学模式可以成为高职教育的一种新思路和新方式。在制订微课教学计划时，教师不仅要考虑教学目标是否与教学计划相符，还要考虑学生学习语言的需求，从而对课程做出合理的安排，建立可供学生交流互动的优质平台，以获得预期的教学成效，使高职英语教育变得更具实用性。

五、微课资源在英语教学上的应用

（一）微课资源在英语听力教学上的应用

微课模式的兴起为英语听力课程指明了教学改革的方向，对其产生了深远的影响。从积极方面来说，微课模式能使学生更了解英语听力课程的教学目标，让学生能自主选择学习的内容、时间、地点、交流对象，同时方便教师在管理后台收集学生的反馈信息，从而相应地调整教学内容。但不能否认的是，微课因时长过短以及本身对非语言信息过滤的机制，也对英语听力教学造成负面的影响。

1.微课对英语听力教学的正面影响

（1）提高了学生的学习效率。在以往的英语听力课堂教学过程中，教师主要按照教材规定把听力训练材料合理安排，而学生主要仔细听材料内容然后做题、比照答案后再做题。依此循环往复，学生充当的只是一个做题的机器，负责完成听力训练工作，没有完全领会每项听力练习内容背后蕴含的目标指向，从而导致学习效率不高，课堂教学效果较差。但在微课模式中，微课视频具有短而精的特点，可以让学生对每堂课的学习目标和学习方法有全面的了解，使学生在进行听力练习时能够有所准备、带着问题听，这对于提高学生学习效率具有促进作用。

（2）便于教师掌控教学进度。在以前英语听力教学中，教师负责讲解英语听力的方法，分析听力题的解法，然而不能全面掌握学生对这些知识的理解程度和应用能力，从而不能根据具体教学实际调整教学方案。但是微课模式可以让教师通过系统后台监督学生的听课情况，包括听课人数和产生的疑难问题，进而合理安排听力教学内容。如果微课视频观看人数较高，则说明这个知识点学生不易掌握，此时教师应该加大该项知识点的专项练习力度，帮助学生有效掌握知识概念。

（3）为学生提供了自主学习的空间。学生不但可以根据自己的实际情况自由决定什么时候、在什么地方开始学习，而且能够按照自己的学习能力灵活选择学习环节、学习强度和学习节奏，从而提高学习的实效性。与此同时，通过微课视频的弹幕功能，学生能够在学习时互相交流学习感悟、讨论疑难问题。以前教师和学生一对多的教学模式逐渐转变为教师与学生之间多对多的无障碍实时交流教学模式，教学过程中的交流主体由教师转化为学生。

2. 微课对英语听力教学的负面影响

微课模式具有双面性，能够提高英语听力教学的质量，也会对英语听力教学产生不利的影响。

（1）不适用于超长听力材料的解读。因为微课视频有时长限制，一般控制在 5—10 分钟，所以微课模式下的听力课程短小，只适合对音素、单词、短句等进行解读，对演讲讲座、脱口秀节目等超时长听力材料不能解读。而且教师如果把一个长篇听力材料截取制作成小段的微课视频，那么就容易破坏原文的语篇连贯性，使听力材料变得更加艰涩难懂。所以，微课模式使教师的选择面变窄，即只能针对片段性语句的听力方法和听力技巧进行讲解，不能讲授长篇英语材料的听力知识，这就阻碍了学生英语听力的全面发展。

（2）减少了师生之间面对面的交流。微课模式使英语听力教学走向网络化，加快了英语课程教学的远程网络化进程。然而，正如大家都了解的，英语是一门语言学科，语言学习需要面对面沟通。而在网络远程教学过程中，学生进行听力学习时无法获得对方的五官表情等其他非语言信息，这些非语言信息可以提高交际活动主体理解交流内容的能力，减少语言交流障碍。但是网络化的微课教学方式完全体现不出这类信息的作用，导致今后学生之间甚至与本民族语言使用者之间进行交流时不能准确传达信息，这与听力教学的目标相背离。

（二）微课资源在英语口语教学上的应用

1. 英语口语微课教学的特点

（1）教学资源越来越丰富。随着信息技术的不断发展，互联网上汇集了大量的信息和知识，有些网站拥有丰富而优质的教学资源，很多口语学习和训练的资料及软件都可以从互联网上免费下载。教师和学生都可以方便快捷地从互联网上获得大量的英语口语的学习素材。传统教学中资料不丰富、素材不实用的缺憾很好地得到了弥补。

（2）突破了学习空间的限制。通过网络进行学习，学生将不再受时间与空间的限制，在任何时间、任何地点都可以便捷地登录相关的网站进行口语交流与训练。

（3）学生学习口语的热情和积极性被充分调动。互联网上一些英语教学的网站和平台会按照学生的心理特点和习惯，以声音、视频、图画、动画作为载体将学习内容呈现在学生面前。这样学生的学习热情以及积极性就比较容易被激发和调动。

（4）个性化的自主学习更容易实现。网络上的知识浩如烟海，比教师及教材所能提供的信息要多得多。通过互联网开展学习，学生有更多选择的空间，能够自主掌握学习的进度，学习效果自然也会随之提升。

2. 英语口语微课教学模式

高职院校应当将网络技术引进英语教学中来，在网络的基础上建立高职英语口语教学的新模式。引导学生登录网络进行英语口语的训练和学习，这种形式的学习使学生不再受传统教学局限性的影响，学生随时随地利用空闲时间就可以开展口语练习。而且这种口语学习的方式比较直观、生动、活泼，有着很强的互动性，能够满足学生的喜好，调动他们学习的积极性和参与热情，比较容易实现高职口语教学的目标。教师的教学应当以学生为中心，重点关注自身与学生之间、学生与学生之间的协作情况和对话情况。教师应当先对互联网上的信息加以筛选和组织，然后再将其提供给学生，正确引导学生开展口语练习，有效提高他们的口语交际能力。

（1）布置任务。每堂口语教学课结束前，教师通常会向学生布置一些下堂课的练习任务，将具体的要求以及内容上传到班级的公共平台，包括练习的注意事项、评分的标准等。练习的主题应当丰富多样，题型应当活泼有趣。教师还可以将一些参考资料同时上传，以方便学生在练习时加以使用。口语练习小组可以根据这些上传的作业及要求选择本组的练习内容，确定好采取哪种练习方式后报告给教师。教师可以通过公共平台与学生进行交流和互动，在需要的情况下，给予各学习小组的学生具体指导。

（2）课前准备。一些高职学生在口语交流时能够脱口而出的词汇非常有限，而且大部分学生的口语交流用词很相似，有的学生每当需要用口语进行交流时总会觉得自己无词可用。随着网络的日益普及，学生可以在互联网上寻找大量可以开展口语训练的资源和平台，这些资源和平台也可以在英语课堂上使用。在这个过程中，英语教师应当根据自己的经验，为学生提供一些必要的指导，提醒学生要区别口语同书面语的不同，指导学生将一些书面语转化成口语，以提高口语教学的实用性。

网络上可以用于英语口语交流的平台和工具日新月异、层出不穷，如微信、微博以及聊天室，还有一对一口语教学平台的涌现，使得人们用英语交流的渠道更加多样化。人们既可以公开地使用英语进行交流，也可以采用私下交流的方式，比如，文字、语音、视频都可以成为交流的方式。网络上人们往往可以不必公布自己真实的身份，这时候一些性格内向的学生反而会放松心情，自然地与他人进行英语交流。网络上有一种专门用于英语交流的聊天室，这里汇聚的都是英语的学习者，还有一些口语纯正的外籍人士，学生可以在这种平台上顺畅地与他人进行相关的口语练习及交流。

在网络上，学生还可以自主创建聊天室，然后邀请同学、教师、网友进入，共同展开口语的交流。聊天室中还可以开展一些简单的辩论或者讨论。但有效开展口语交流的前提是要做好聊天室的管理，这时候教师应当选择一些实用性的主题引导聊天室内的人员进行交流和讨论。教师要对聊天室的话题进行必要的引导，对一些口语基础较差的学生进行一对一的辅导。学生也要充分利用这些平台，使自己的语言水平不断提高。

（3）课堂展示与评价。口语练习小组应当每隔一段时间在课堂上展示一次自己的学习成果。教师要引导学生将各种准备展示的口语资料上传到班级的公共网络平台之上，其他学生也可以对这些内容进行观摩和讨论。各小组通过自己准备的图片、文字、视频、音频等来展示本组的学习成果，使得学习成效进一步提升。其他学生不仅可以观摩各小组的展示，还可以对这些展示进行评价和讨论，这些评价和讨论的内容可以实时上传到班级的公共平台。展示结束后，教师和学生可以一起按照既定的标准为各组打分。然后由教师对每一组给予综合的评定，肯定好的方面，指出存在的问题。在一个阶段的公开展示活动结束后，教师可以将表现突出的小组的展示资料保存到班级的公共平台上，以起到展示和参考的作用。

（4）提升语言学习水平。语言学习的过程，即知晓、学会、熟悉、自动使用。其中，知晓和学会通常可以在课堂上实现，而熟悉和自动使用则需要学生在课堂之外经过大量的练习实现。因此高职英语教师应针对学生的实际需要，通过自己的努力建立英语口语资源库，以满足学生进行口语学习的需要。在组建口语资源库时，教师应当根据不同的训练目标将资源库分为不同的模块，如听力检验专区、发音模仿专区、绕口令专区、角色扮演专区等。不同的学生会有不同的心理特点和人格特点，他们学习语言的能力、情感的经历、学习的习惯等都会有所不同，而且此前他们学习英语的经历及英语水平也有所不同，这样就会使得学生的英语听与说的能力参差不齐，所以教师在进行教学设计时要充分考虑学生的性别、个性及英语水平等因素。同时，教师还应该设计出一套对应的监控系统，用于随时掌握学生的学习情况。

（三）微课资源在英语阅读教学上的应用

1. 英语阅读教学中存在的问题

（1）教学方式落后。现阶段我国高职院校英语教学的模式还比较落后，难以激发学生学习英语的兴趣和热情。这是因为当下部分教师还秉持着旧的教学观念，在课堂上还完全沿用传统的教学模式。教师始终处于教学的主体地位，只是机械而死板地将教材中的内容灌输给学生，课堂上师生之间缺乏有效的互动。而采用这种落后的教学方式，学生往往会失去学习英语的热情，教学也无法取得更好的效果。

（2）学生词汇匮乏。目前高职院校大部分学生的词汇还很匮乏，在进行英语阅读时困难重重，也无法比较深入地理解所阅读的文章，阅读能力也就无从提升。词汇量严重不足自然就会降低学生学习英语的热情，他们运用英语的综合能力也就很难得到明显提高。

（3）文化背景知识教学滞后。英语相关的文化知识及背景资料是英语学习中必不可少的内容。但在我国传统的英语教学课堂上英语文化知识及背景资料内容涉及较少。实际上，熟悉目的语的文化历史及知识背景对于学生的语言学习意义重大。学生如果对英语文化知识及背景资料一无所知或一知半解，那么在学习过程中会困难重重。所以，教师在英语教学时万不可忽略文化知识和背景资料的相关内容。

2. 微课在英语阅读教学中的意义

（1）符合社会经济发展的现实需要。我国经济飞速发展，运用英语的行业不断增多、领域不断扩大，英语已经成为很多场合的必备交流工具，特别是在涉外国际贸易活动和外事活动中，英语交流起着至关重要的作用。当今社会对教育越来越重视，英语也是家长和教师关注的重点科目。因此，为了满足社会对于英语人才的需求，高职院校应当将微课引进高职英语教育当中，让先进的信息技术为高职英语教学的创新奠定坚实的基础。现在手机、计算机都可以作为一种工具来帮助我们获得需要的信息，我们获取信息更加方便、快捷并且高效。不仅是教师还有学生，参与教与学的各种人群都可以随时享受互联网给我们带来的这种便利。所以，在我国的高职院校中推广微课是符合时代发展需要的。

（2）创新英语阅读教学模式。在高职英语教学中引入微课不仅能够使高职英语阅读的教学模式有所创新，而且会有力推动高职院校的教学改革。微课是一种新型的教学模式，信息化是它的基础，这种教学模式能够显著提高学生学习英语的热情和兴趣，学生的实际需要能够得到最大限度的满足。微课可以改变传统的教学模式，督促高职院校英语教师努力提高自身的教学水平，转变过去长期秉持的旧的教学观念，带领学生向着良性的教育改革的方向前进，并且将微课引入高职英语阅读教学，可以使教学的结构得到优化，从而使高职院校加快教学改革的步伐。

（3）促进教学关系平等化。以往多数高职英语教师在阅读课上习惯使用多媒体设备来进行教学，在课堂上会着重讲解阅读中的重点以及难点，并且阅读课通常都是以人数很多的大班的形式来进行授课的。这种状态下，教师只能是采取满堂灌的方式，人数过多导致教师无法一一与学生进行互动，从而使课堂缺少有效的互动、学生失去了有针对性的辅导，教学就很难获得良好的效果。如果把微课的形式引入高职院校的课堂中来，一个个简单的视频能够分单元、有重点地将知识点详细地展示，教师只要进行适时的引导，针对学生提出的问题进行讲解即可。这样的教学模式不仅能够激发学生探究知识的热情，锻炼学生独立思考问题的能力，还能加强师生间的互动，增加师生交流感情的机会，营造出一种平等、良好的学习氛围。

3. 英语阅读微课教学策略

（1）将微课与英语阅读教学进行结合。微课与高职英语教学结合起来的模式，能够使高职院校的英语教学保持一种良好的发展势头，让英语的全民化得以实现、实用性得到体现。所以高职院校教师应当彻底改变传统的教学观念，将学生作为教学的主体来对待，努力培养学生自主学习的能力，树立起新的以学生为本的教育理念。教师先要将英语教学的目标明确下来，提前构建微课教学的基本框架。与此同时，教师还要与学生进行充分的交流和沟通，建立一个方便快捷的交流平台，以便及时了解和掌握学生的动态和需要。

（2）整合英语阅读教学资源。教师要有意识地整合高职英语的阅读资源，增加学生的词汇量，以保证微课的教学模式能收到预期的效果。学生在学习英语单词时，绝大部分采取的都是死记硬背的方法，实际上应用这种方法的效果并不理想。而利用微课进行教学时，教师可以充分利用微课的科技手段，让词汇"活"起来，通过动画、拟人的手法让单词变得容易记忆，这样可以吸引学生的注意力，提高学生的学习兴趣。

（3）加强文化背景知识的学习。高职英语教学中教师要把英语国家的文化知识和社会背景融入教学的过程中。语言的教学同语言文化的背景有着非常紧密的联系，教师应当通过文化背景的讲解来丰富学生相关英语知识的储备，这对于学生英语综合水平的提高大有裨益。在利用微课教学的过程中，教师可以将英语文化知识、英语国家社会背景资料、英语国家经济制度等都制作成短视频，帮助学生生动直观地了解相关的知识，提高学生的阅读理解能力。

（4）加强学生间的合作学习。微课教学有其非常明显的优势，例如，用时短、学习的重点和难点突出、学习的方式灵活多样等，学生可以在此基础上方便地进行沟通与合作。教师可以预先布置"微预习"的作业，将下一课要学习的内容公布在微平台上，引导学生提前进行预习和讨论。微课教学还有一个优势就是它通常都有着比较正规准确的字幕，学生可以反复观看视频，对字幕中的一些重点进行反复记忆和学习，使自己的学习取得明显成效。

六、微课资源的应用前景

（一）学生的角度

从学生的角度看，一是学生在学习新知识时可以进行个性化选择。在学习新知识时，学生可以自主选择适合自己的或者自己喜欢的微课进行学习，富有个性化的微课能够满足学生的个性化需求。二是学生巩固复习时再次使用。数字化视频可以长久保存，方便学生随时观看、学习。可以说，微课是一种可以多次利用的教学资源。

（二）教师的角度

从教师的角度看，录制的微课上传到网络平台，教师可以从中学习其他教师关于某一知识点是如何进行设计的，借鉴他人采用的录制方法和形式等，这样能够促使教师之间相互借鉴，提升教师录制微课视频的水平，促进教师专业发展。可以说，录制微课是教师专业发展的有效途径。

（三）学校的角度

从学校的角度看，各学科的微课和不同录制形式的微课形成了系统化的微课资源，这有利于开展国家课程的校本化研究。随着网络技术的发展，学校可以搭建一个较为完善的教学资源库，这个教学资源库不仅仅包含微课，还包含教学设计、教学反思、教师互评、学生评价等各个方面的资源。微课带动的教学资源库的建设利用，可以改变教师的教学评价方式和途径，实现信息的快捷交流与共享。由此可见，微课资源的建设促进了以微课为中心的教学资源库的构建，带动了课程校本化研究的开展。

（四）区域的角度

从区域的角度看，微课有利于实现教育资源的共享。倘若某一区域内举办微课大赛和相关研讨活动，校际进行观摩学习、听评课、交流讨论、反思论证等，可形成区域化的共识。例如，某一区域举办微课大赛，活动征集到了多节优秀微课，这一活动推动了该地区微课的发展。因此，微课可推动区域的教学资源共建，实现微课的区域化。

（五）教学模式的角度

从教学模式的角度看，微课目前主要应用于教育教学实践中，尤其是翻转课堂教学模式。在线学习、电子书包等都有对微课的使用。以微课为核心的教学模式的创新和资源建设格局的形成，将会深化微课的应用和发展。

第四节　英语教学资源库

一、英语教学资源库建设的必要性

（一）教学共享的要求

英语教学资源库建设经验为英语学科乃至其他学科的课程建设起到了示范引领作用，为后续资源库的建设提供了可操作化的理论指导。

（二）英语课程建设的要求

信息时代的高职院校要及时更新教学内容，将新知识、新理论、新技术源源不断地充实到教学内容中来。数字化教学资源具有先进性、开放性、互动性和自主性等特点，能满足新时代教学课堂的变革要求，对高校的英语课程开发和英语校本课程建设起到至关重要的作用。

（三）提高教师教学水平的要求

教学资源库基于先进的教育思想、教学理论来指导改革教学模式，能够提高教师团队信息化教学的能力和水平。同时，在优秀教学资源的基础上，教师可以进行后续的教学改革和课程建设，对英语教学进行更深层次的、面向专业的，任务化、系统化、项目化的研究与实践。这种方式全面提高了该课程教师的教学水平，优化了教学资源，改善了教学条件，对实现"两个最大化"，即教师教学效果的最大化和学生学习收益的最大化起到了重要作用。

（四）学生角色转换的要求

英语教学资源库的建设促使教学从以教为主转向以学为主，克服了传统英语教材形式上的单一性，提高了其实用性，满足了高职院校学生学习个性化、自主化的要求。高质量教学资源库的建设，有利于混合式教学模式在教学中的高效运用；有利于学生根据自身英语水平选择所需数字化教学资源，真正实现分层次教学；有利于激发学生的学习兴趣，培养学生的自主学习能力和创新学习能力。

二、英语教学资源库建设现状

信息化建设是教育教学改革和创新的重要方向，其中数字化教学资源库的建设是实现信息化教学的重要基础。

目前高职院校英语教学资源库的建设，大多是由教师或学生自发进行的，着重于解决自己的个性化需求，缺乏丰富性和系统性，基本处于碎片状态，没有形成良好规范的体系。此外，通常只有公共英语课程才有相关的教学资源库，而其他的专业英语课程基本没有对应的教学资源库。这对于教学资源来讲是一种巨大的浪费，有用的资源非常有限，整合起来也费时费力。

各个院校教学资源信息化发展不均衡。有些院校目前仍处在信息化基础设施建设的阶段，其建设力量集中在校园网和多媒体教室等硬件设备方面，忽视了在教学资源软件方面的投入，因此教学资源库的建设仍处于初级阶段。

许多院校由于资金投入有限、师资不足、硬件设施不完善等方面的因素，在教学改革中不能很好地使用数字化教学资源，教学资源库建设缺乏长远规划和建设目标。教师和学生对数字化教学资源的应用不够重视，对教学资源信息化的主动研究和应用力度不足，从而造成了教学资源库建设的滞后。

英语教学改革的目的是使学生具有更多的技能、提高学生的就业能力。然而传统的英语教学模式以教师为中心，教师在教学资源的开发、管理和应用中对学生主体意识的重视有限，在资源的收集、筛查、汇总和分析过程中很少邀请学生参与。学生对英语教学资源库建设的参与度不高，他们不会主动收集与英语课程相关的学习资料，不会主动与同学和教师共享学习资料，也难以主动积极地对课程进行思考和探究，这样其学习主体的优势与价值就难以发挥。

三、英语教学资源库建设的作用

（一）实现资源共享

1. 教师之间的资源共享

长期以来，教师的授课资源都是以自我为中心的，不愿意与其他教师分享。教学资源库建设可以很好地把教师手中的资源和教研室长期以来积累的资源整合起来，有助于教学资源的有效聚集与广泛共享，从而提高高职院校内已有资源的利用率。

2. 院校之间、校企之间的资源共享

与企业共同制定标准，根据专业需求共建校企合作课程，可以整合各个学校原来独立封闭的教学资源系统，为院校间和校企间的教学资源共享打下基础。

（二）促进教学资源整合

英语教学资源库建设有利于整合教学资源。信息化教学模式需要使用信息化教学资源，如图片、视频、音频等。这些海量教学资源内容分散，只有通过数字化资源库进行资源整合、统一管理，教师和学生才能便捷地查找所需的资源，从而提高数字化资源的利用率。

（三）有利于教学模式的转变

英语教学资源库建设有利于教学模式的转变。随着英语教学改革的不断深入，英语教学模式从以往的"以教师为中心"转变成"以学生为中心"，教师在教学中充分利用了现代飞速发展的信息技术和网络技术，广泛使用了视频、音频、图片、课件等多媒体资源。传统的教学模式在一步步向信息化教学模式转变，这一过程离不开数字化教学资源的大力支持。

（四）提高教学质量

英语教学资源库建设有利于提高英语教学质量。教学资源库建设有利于整合教学视频、试题、课件、大纲等各类教学资源，使课程更加生动，从而提高教学质量。同时，学生通过资源库可以自主查找学习资源，从而提高学习效率。

（五）优化教师队伍结构

英语教学资源库建设有利于优化教师队伍结构，使教师的教学理念更先进。目前，部分英语教师存在低信息化能力和弱信息化思维等问题。教学资源库的建设可以推动教师积极掌握相应的信息化技术，有利于打造一支能够实现线上线下教学沟通，走在教学改革前沿的教师团队。

四、英语教学资源库建设策略

（一）做好前期调研工作

英语教学资源库的规划和建设必须科学合理，这样其效能和利用率才能实现最大化。因此，英语教学资源库的建设者应做好前期调研工作。首先要了解教师

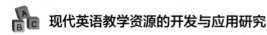

和学生的课程设置需求和学习需求,从而确定教学资源库的具体内容和模块结构;其次要从教学目的出发,依靠校企融合,把握职业需求,确定教学资源库的区域和核心,做好分类工作。

(二)做好整体规划

教学资源库的建设者要具有前瞻性,要做好整体规划,为以后资源库的完善做好铺垫。任何学科的资源库建设都不是一蹴而就的,需要长期坚持,不断更新,实施动态化管理。英语教学资源库建设更是如此,不但要随着教育的发展而不断发展和完善,还要结合专业需求及时扩充、拓展资源库的内容。

(三)教师和学生共同参与建设

英语教学资源库的建设需要师生共同积极参与,可以采用"团队共建""师生共建"的模式,由团队教师共同管理,学生共同参与建设。学生可以通过互联网获取和筛选感兴趣的资料,使其作为教学资源的有益补充,其既可以与课堂内容进行整合,也可以作为课堂内容的拓展和延伸。另外,英语教学资源库建设者需要根据企业和社会的需求,不断更新资源库的内容,以适应时代发展的需求。教师要鼓励学生将资源库中没有但有用的资料上传到资源库中,这些资料由教师审核后加入资源库。这样学生不仅是资源库的使用者也是资源库的建设者,从而进一步完善教学资源库、提高资源库的利用率。借助英语教学资源库,学生可进行多元化学习。这将极大地提高教学效率,有利于推动英语教学的发展和进步。

(四)多方协作建设

英语课程种类较多,涉及行业较广,院校靠一己之力建设教学资源库比较困难,需要投入的资金也较多。院校可利用前沿的云平台技术,开展广泛的校际合作,协同开发和建设教学资源库,并进行资源共享。各院校之间可以进行信息资源共享,这样可以节省各校的人力和财力,可减少或避免教学资源库的重复建设问题。此外,提高学生的技能水平是教育的主要目的,教学内容要符合社会和职业的需求。因此,教学资源库的建设也不能脱离企业,高职院校要鼓励企业参与资源库建设,充分利用企业的资源推进资源库的建设。另外,院校要以建设教学资源库为契机,鼓励教师和学生将教学云平台作为认知工具来支持课堂教学,加快教育信息化的进程。

（五）加强动态管理

资源库在投入使用后应由专人负责管理，及时处理出现的问题，并定期收集使用者的建议，从而有效地对资源库的内容进行优化。资源库在建设好之后，应根据相关职业及社会需求的变化不断调整和更新资源库的内容。管理员可以通过一些激励机制来鼓励资源库的使用者完善资源库，这样可以让资源库的使用者同时成为建设者，从而让资源库的建设队伍不断壮大。

五、英语教学资源库建设过程

（一）调查分析

建设者应先调查分析现状，初拟实施方案，通过问卷调查、座谈、访谈等形式，了解目前学生对英语教师课堂教授方法的看法，以及英语教师在课堂上使用数字化教学资源的程度和出现的问题等，为分析形成原因奠定基础。了解教师信息化教学软件的运用情况和存在的问题，了解学生对使用信息化教学软件的感受，以便选取适合教与学的资源类型和模式。

（二）搭建框架

建设者应根据教师的教学需要创建教学资源库的框架，并在实际英语教学实施中获得反馈，对教学资源框架进行修改、调整与完善。为了使教学资源库的内容更加科学化、系统化、规范化，管理员要对其中的各种类型的教学资源进行规范，设定选入资源库的各类文件的标准及样例模板，并为其中无专业倾向的资源列出清单。

（三）资源建设

建设者应了解当前教师的资源建设能力情况，包括教师的基本情况和教师对信息化资源的运用情况；对教学资源库建设情况和使用意愿进行了解，分析资源库建设硬件软件需求情况，并进行软件的购买与教师应用软件方面的技能培训；搜集网络资源，进行教学资源库内容的填充；根据资源清单，将现有资源进行规范化整合，对教学资源库进行完善。

（四）存储、分享与维护

建设者可利用电子网盘进行教学资源的存储、分享工作。通过分享网盘链接，教师可以实时获得最新的英语教学资源库内容。在教学资源维护中，管理者应优化资源的选入（评估）流程，规范教学资源的使用标准，评价教学资源的适用性，获得教师运用资源的反馈信息，对资源库进行资源的更新、调整。

（五）教学应用

教学平台应与教学软件相结合。管理者应调查现有主要教学平台，进行平台比较与筛选，确定适合本学校的英语教学应用平台，如中国大学 MOOC（慕课）、iSmart 外语智能学习平台和学习通等。教师应进行多平台教学应用探索，选取适用于学生自主学习的应用软件。

第五节　多模态教学资源

一、多模态教学资源概述

模态是指人们通过感知通道（如视觉、听觉、触觉、味觉、嗅觉）、肢体媒介（如眼、耳、舌、鼻、手）以及界面媒体（如工具、手段、环境）来感知世界的模式，是实现交际的符号资源的总称。媒介是一种符号产品，是为了达到某种目标而采用的多种工具与物质载体。一系列教学实践与研究表明，运用多种感官对某事物产生印象，更能使人们直观地感受这件事物。

模态可以单独起作用，用单个感官进行互动的模态即单模态。模态也可以结合起来起作用，用两个感官进行互动的模态即双模态，用三个或三个以上感官进行互动的模态即多模态。通常人们的交流互动都不是仅仅依靠某一种感官进行的（不是单模态的），而是综合运用多种感官进行的（是多模态的）。

多模态话语是同时使用两种或两种以上模态的话语模式。多模态话语理论兴起于 20 世纪 90 年代，是以英国当代语言学家韩礼德的系统功能语言学中的社会符号学理论为基础的。韩礼德把语言看作一个动态表意过程的社会符号。除语言这个表意系统外，人们亦可以借助音乐、舞蹈、绘画、雕塑等非语言符号来表情达意，这些非语言符号与语言符号共同发挥作用，构成具有文化意义的载体，这样话语分析理论就从单一研究语言符号转向研究语言符号和非语言符号。

多模态教学模式是指让学生通过视觉、嗅觉、听觉、味觉和触觉实现师生、生生或者人机之间的互动，也就是多种感官与外部环境的互动。比如，采用多种教学技术，如语言、图像、声音、动作、视频等技术，将学生的多感官调动起来，进而让学生在学习中从不同的视角和层面参与其中，强化学生感受和引发学生深思。为了更好地对教学内容进行诠释，若一种模态难以充分诠释时，教师可采用另一种模态或者多种模态来辅助教学，在丰富授课方式的同时，提高学生的记忆能力、交流能力和学习能力，促进学生学习主动性的提升，最终达到提升教学质量的目的。

教学行为是一种复杂的交际行为，既包含"教"，也包含"学"，更包含"教"与"学"之间的"互动"，无论是"教"和"学"，还是"教"与"学"之间的"互动"，都不完全基于某一种感官或模态，而是对多种感官或模态的综合运用，是通过多种模态实现的。因此，教学行为是一种多模态行为，多模态话语理论可以用于分析研究教学活动。

多模态教学资源由文字、视频、图像、声音等构成，在尊重学生个体之间差异性的基础上，满足学生不同的学习需求。这种教学方法与传统教学方法之间存在着本质上的差别，多模态教学更加强调学生自身的感知与理解，而不是让学生对知识点进行死记硬背、强行记忆，可较好地调动学生的学习热情与学习兴趣，为其学习提供动力。多模态教学特点具体如下：

（一）多种感官并用

在教学过程中，教师应充分考虑学生的实际情况，借助多媒体将静态、动态等不同类型的教学资源融入实际教学中，使学生调动多种感官进行学习，为学生的多层次联想创造有利条件。

（二）多种方法融合

常见的教学方法有讲授法、案例分析法、课堂讨论法等。教师若是在课堂教学中只使用单一的教学方法，则很容易造成一些弊端，给学生的学习带来困扰。多模态教学在多媒体技术、信息化技术的辅助下，可以兼收并蓄多种教学方法，综合吸收各种教学方法的优势、特色，使教学活动变得更为丰富，从而提高课堂教学的实效性。多模态教学突破了传统课程教学的限制，让学生可以使用多种不同的方式去学习，并且多模态教学和当前新课标提出的将学生作为教学根本的教育理念相契合，注重的是学生个体的学习。采取多种不同的教学方式可以让教学的成效得到提升，使用多模态教学模式可以让学生寻找到一种能够提升自己学习成效的方式。

（三）学生地位改变

教学中比较重要的是让学生在进行学习的同时能够形成一种非常好的习惯，

93

让学生能够寻找到适合自身的学习方式，这对未来学生自身的成长会起到非常大的作用。在当前高职英语课堂教学过程中多模态教学模式让学生在课堂学习过程中的地位发生变化，并在兴趣的引导下不断地提升学生在当前课堂学习中的效率。在这样的一个过程中也可以让学生自身的思考能力得到提升。多模态教学没有固定的形式，教师需要根据学生的实际情况设计教案并布置学习任务，再由学生独立完成，以往学生被动学习的状态改变了，教师有效地调动了学生的积极性和主动性。

（四）教师素质提高

多模态教学具有一定的复杂性，对教师的综合素质有着较高要求。教师在实施这一教学方法时，同时扮演了导演、执行者、审核者等多重角色。因此，为了提高教学质量与教学实效性，教师应不断提高个人的综合能力。

（五）英语学习兴趣提升

一种语言并不是仅仅依靠在课堂上进行的读或者写就可以学好的，其中比较重要的一点是为学生营造一种良好的语言学习环境。多模态教学模式主要是使用多种不同的教学方式去提升学生的学习效率，最终的目的主要是为学生打造一种合理的语言环境。学生置身在这样的语言环境里才可以真正地增强学习语言的欲望，在不断提升英语学习质量的同时还能够有效地促进自身的成长与发展。

二、多模态教学设计

（一）理论基础

语篇是以社会为基础的关于现实的知识形式。以前在单模态时代，语言被认为是交流的主要模态，其他模态起到辅助作用。随着科技的进步，人们对语篇的认知有了很大的变化。语篇不只存在于语言和副语言中，它还存在于音频、视频等多种符号模态中，而语言只是其中的一种模态而已。表达意义的符号模态有语言视觉模态、听觉模态、手势及空间模态等。

多模态语篇指的是运用听觉、视觉、触觉等多种符号媒介和资源进行交际的现象。设计就是运用所有的符号模态或符号模态的组合的过程，是在某个交际语境中体现话语的方式。设计的概念被引用到多模态语篇理论中，并在多模态语篇中扮演着非常重要的角色。相关专家学者认为，意义不仅可以用符号模态来表达，它还存在于交际实践的五个层级中，即语篇、设计、生产、传播和解读。也就是说，交际实践的每一个层级都存在意义构建。其中，设计是符号产品及事件的概念化，它以实现话语的目的性为依据，是语篇所要表达内容得以表述的桥梁。由此可见，无论是对于多模态语篇中模态和模态组合的选择，还是作为多模态交流实践中意义构建的重要一环，设计都是至关重要的。

（二）多模态教学设计的本质

信息技术的发展对设计的影响巨大。而在教学实践中，设计融知识性、趣味性和互动性为一体，做到既能够激发学生学习的主动性，还能切实提高学生的英语实际应用能力和跨文化交际能力并非一件容易的事情。

首先，多模态教学设计的过程是一个认知的过程。认知的对象包括文本的语言内容和语篇背景。也就是说，在进行教学设计之前，我们要充分了解课程内容，并对课程内容进行分析和解构。好的设计是对内容透彻的分析和理解，而设计过程又是对内容本质的进一步理解和揭示的过程。同时，认知的对象也包括承载教学内容的符号模态，针对教材中所使用模态的单一性和契合度等方面的不足，可在认知中融入批判性思维，为教学设计的完善与创新奠定基础。

其次，多模态教学设计的过程是一个转译的过程，也是一个创新的过程。教师需要通过设计把课本上的知识进行转译。这种转译可以是转换，即教师用自己的话改写和解释课本上的知识；也可以是联通，就是把课本的知识以书面语模态形式以外的其他模态形式呈现出来。转译可以突出教学重点，使内容更加生动有趣，使学生更容易理解和记忆，增加互动性，提高教学效率。当今时代，如何把书面语模态转化为其他模态及如何把基于印刷的模态转化为基于屏幕的模态，是教师在教学设计过程中需要思考的问题。好的教学设计会将内容以令人耳目一新的形式展现出来，给人留下深刻的印象。由此可见，设计是创造和创新的过程。在这个过程中，设计赋予语篇新的意义。

最后，多模态教学设计的过程也是一个选择的过程。教师并非只是课堂教学的执行者，更是多模态课堂的设计者，而在设计过程中教师需要做出大量的选择和决定。即便是在我国的高职英语教学中，同一学校的教师用的教材是一样的，并且对课程内容也有统一的要求，但教师在教学内容的结构顺序和教学模态的选择上仍会有所不同。也就是说，教师从各自的认知和教学理念出发，在为特定课程内容确定教学结构顺序和进行教学模态及教学模态组合的选择时，不同的教师有不同的做法，因此教学设计也就会大不一样。除了对教学内容进行选择之外，教学模态和教学模态组合的选择也是多模态教学设计中非常重要的环节。

（三）多模态教学设计的原则

1. 视听同步及合理分配原则

在多模态教学过程中，教师同时选用视觉模态符号系统和听觉模态符号系统来传递意义，可以减轻学生的工作记忆负担。二者同步呈现，共同指向教师想要传递的教学内容，可以达到事半功倍的效果。如果二者不同步，视觉模态符号系统超前而听觉模态符号系统滞后，或者听觉模态符号系统超前而视觉模态符号系统滞后，则会增加学生在视觉模态符号系统和听觉模态符号系统之间寻找匹配的负担，增加学生的认知负荷，分散学生的注意力，不利于提高学生的学习效率。

教师在选择多模态符号系统时不能随心所欲，而是要注意进入视觉通道和听觉通道的符号的合理分配。在对多模态符号系统充分理解的基础上，教师要根据授课内容、学生学习程度、环境条件等合理调用视觉模态符号系统和听觉模态符号系统。

2. 目标明确原则

课堂上的一切教学活动都要围绕教学目标来进行，只有明确了每一节课具体的符合学生水平和能力的教学目标，才能切实提高学生的理论知识水平、英语语言技能和跨文化交际能力等。为了进一步明确教学目标，教师应把每一节课的教学目标分解成若干个教学步骤中的微观目标，并对每一个教学步骤中的微观目标做到心中有数，设法使其通过一定的教学活动落到实处。教师讲授课程内容，学生通过实践来检验教学成果，这样才能真正实现每一节课的教学目标，进而实现英语教学的总目标，使学生真正学会使用英语知识。

3. 以语言模态符号系统为主原则

如果教师同时选择语言模态符号系统和其他非语言模态符号系统，这时候就要坚持以语言模态符号系统为主、以非语言模态符号系统为辅的原则。多模态教学过程中有时候会出现两种极端情况。一是过多选择语言模态符号系统而忽视非语言模态符号系统，比如，把纸质教材中的文字段落直接呈现在演示文稿上，却没有同时补充适当的声音、视频、链接等非语言符号，仅仅完成了文字从课本到演示文稿的搬运工作。这种情况下非语言模态符号系统不能参与意义建构，是一种极大的浪费。二是过多选择非语言模态符号系统而忽视语言模态符号系统，如凸显与当前主题无关的背景图片、声音、视频、动画等，使得教师本来想要传达的主题意义在对比之下变成次要部分。这种情况下非语言符号没有起到积极正面的意义建构作用，反而分散了学生的精力，不利于正常教学活动的开展。因此，教师必须坚持以语言模态符号系统为主的原则。

4. 内容合理原则

中共中央、国务院印发的《国家中长期教育改革和发展规划纲要（2010—2020年）》中提出高职院校要培养"能够参与国际事务和国际竞争的国际化人才"，因此高职英语要以培养学生的英语应用能力为重点。英语应用能力是指用英语在学习、生活和未来工作中进行沟通、交流的能力。为了提高学生的英语应用能力，教师在教学设计中一定要注意几个结合：与学生的专业学习相结合，与学生的日常生活相结合，与社会时事热点相结合。

5. 内容精简原则

虽然以文字、图像、动画等多模态符号呈现教学内容有助于学生获取多渠道的感知，提高学习效果，但是以语言模态符号系统为主原则表明，如果教师过多选择非语言模态符号系统，则有可能淡化当前的教学主题，使其转变成冗余信息。这些冗余信息不但不能提高学习效果，而且可能会增加学生的认知负担，对学生学习造成不利影响。因此，教师要合理选择那些可用的模态符号系统，尽量避免选择那些不能带来积极正面影响只产生冗余信息的模态符号系统，减少对学生的干扰。也就是说，教师要坚持内容精简原则。

6. 灵活运用原则

多模态理论认为，在一定的社会文化领域，相同的意义可以用不同的符号模态来表达，但语篇（教学内容）决定设计，为设计提供框架。换句话说，设计要以语篇为基础，设计要服从语篇，受限于语篇。设计时教师要灵活运用各种模态，在不同的教学阶段给特定的教学内容选择合适的模态，以适应不同教学阶段和内容的需求。此外，设计并不是不同模态（如图片、视频、音频）的堆砌，不同教学阶段涉及的模态组合一定要主次分明、协调统一、相辅相成。教师要尽量使教学活动的模态配置表现为一种模态处于统治地位，以免分散学生的注意力，影响教学效果。

7. 课堂互动原则

多模态教学设计要以互动为本，以学生的学习为中心。为了贯彻以教师为主导，以学生为主体的教学理念，无论是教学内容和教学活动的组织安排，还是教学方法、教学手段和多模态资源的采用，都应强调互动性。课堂互动可以是教师与学生、学生与学生的互动，也可以是多媒体资源与学生的互动。课堂互动不仅可以激发和保持学生学习的积极性，也为学生创造了更多语言输出的机会，在提高学生的语言能力和交际能力的同时，培养了学生的自主学习能力和合作学习能力。

（四）英语多模态教学流程

1. 课前准备阶段

英语教师在课前准备阶段要做充分的多模态选择。多模态教学设计要以达到最佳效果为总原则。因此在课前准备阶段，教师要充分考虑选择不同模态符号系统可能带来的效果，根据讲授内容、难易程度、临时语境等，从视觉、听觉、嗅觉、味觉和触觉等模态符号系统中灵活选择、大胆选择。

2. 课堂授课阶段

（1）教师多模态授课

课前多模态选择完毕之后，进入授课阶段，此时教师运用多模态呈现教学内容。课堂上，结合教室环境、授课内容、学生状态等具体情况，教师合理调用提前准备好的各种模态资源，适时呈现图片、声音、视频，或其他模态资源。教师的肢体语言也是一种多模态呈现，以什么身体姿势和面容、采用什么语调等都会传递给学生不同的信息。

（2）学生多模态学习

课堂上，学生通过多种感官接收信息、获取意义。比如，学生关注教师的言语讲解、肢体语言、表情动作等，从中知悉讲授内容的重点。学生通过关注教师呈现的图片、音频、视频等，从中掌握学习内容。课下，学生可以通过多模态方式完成作业或自主学习。

3. 课后巩固阶段

课下，教师仍然可以用多模态方式呈现教学内容，如通过邮箱、微信、QQ等与学生进行英语交流、发布课程作业、获得适时反馈等。

4. 评价和反馈阶段

在经过课前准备阶段、课堂授课阶段和课后巩固阶段之后，进入评价和反馈阶段，此时师生进行多模态评价。教师基于学生的多模态反馈，可以随时给予评价。

从教师角度来看，无论是备课过程中的多模态选择，还是上课过程中的多模态调用，或是评价过程中的多模态考量，教师已经认识到多模态教学的优势，高职英语教学已经越来越多模态化了。备课阶段，教师主动从多模态角度进行考虑：

授课内容选择什么模态方式呈现？用哪一种模态还是用哪几种模态？哪些模态为主哪些模态为辅？这些不同模态怎么合理搭配呈现？授课过程中，教室环境、音视频、计算机、在线资源、手机应用软件等，都成为教师可以调用的多模态资源。除利用教室有限的空间外，教师可利用计算机创设交际场景让学生练习翻译和口语，不再是单纯地设想场景。教师的肢体语言和面部表情等也更加丰富。教师与学生交流、对学生进行评价等利用多模态的比重也越来越大。

从学生角度来看，无论是上课过程中的多模态信息接收，还是课下活动中的多模态知识获取，或者是评价阶段的多模态过程性评价，学生也体验到多模态教学模式的优势，更愿意参与其中，主动进行多模态学习。在上课过程中，学生接收到的信息是经过教师优选处理的多模态信息。一方面主要信息使学生容易理解掌握，另一方面没有过多冗余信息让学生不至于分神，学习效果更好。在课下活动中，学生通过计算机、在线资源、手机应用软件、英语社团、英语角或英语实践等喜闻乐见的模态形式学习英语，培养良好的学习习惯。在学习评价上，学生全程参与，随时与其他学生或教师互动评价，有效克服了传统期末考试的终结性评价的弊端，这有利于学生更加重视学习全过程、重视全面发展。

三、多模态教学模式的作用

（一）提高学生沟通交流能力

在开展英语教学的过程中，教师应当将教学重点放在学生综合语言能力的提升上，促使学生全面进步。多模态教学模式作为一种能够全面刺激学生感官的教学方式，能够克服以往"黑板＋粉笔"的灌输式教学方法的弊端，让教师将教学重点放在学生英语实践能力培养上。同时，在多模态教学模式中，教师通过对多媒体等信息化设备的利用，能够突破以往知识展示的局限，借助视频、图片、音频等给予学生更加全面的感官刺激，为学生创设一种良好的英语学习环境，鼓励学生大胆地利用英语进行沟通，从而推动学生语言沟通能力的提升。

（二）提高课堂教学质量

多模态教学模式的一个重要优势，就是课堂教学内容能够得到及时补充。通过对课堂所学知识的及时巩固，学生能够对英语知识点进行强化与记忆。通过对传统教学模式的研究发现，单一模态教学模式使得学生在学习上难以对知识点熟练地掌握，英语学习的进步并不大，在一定程度上挫伤了学生英语学习的积极性。在这种情况下，教师应该找到合适的教学方法与出路，培养学生对英语

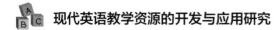

学习的积极性，在英语课堂中不断地寻找更具有吸引力的教学方法。因此，多模态教学模式的引入对于英语课堂来说无疑是重要的，运用这种模式，教师能够将英语知识通过不同的模态引入，在尊重学生个体差异的基础上，提高课堂教学质量。

（三）激发学生学习英语的兴趣

在传统英语教学模式中，学生在实际学习过程中一直处于被动地位，难以真正地根据个人学习情况与兴趣学习知识。同时，传统英语课堂形成单一，缺乏多样化互动方式，导致学生在课堂学习中难以找到认同感。在此类教学模式下，学生通常会觉得英语学习枯燥乏味，从而丧失学习英语的积极主动性。学生是学习的主体，教师应该在教学中根据学生的特征，因材施教地强化多模态教学，不断激发学生的学习动机。在多模态教学模式中，教师能够综合应用信息技术，改变以往以教师为主的课堂环境，为学生营造一种更加轻松、活泼的学习氛围。同时，多模态教学模式能够给予学生更加全面的感官刺激，使学生感受到英语学习的乐趣，从而激发学生的学习兴趣，发挥学生在英语学习过程中的积极作用，实现英语教学效率的提升。教师可以在课堂上积极引导学生关注多模态媒介，让学生对英语学习产生浓厚的兴趣。教师可以将多模态英语教学手段以不同的形式运用到英语课堂中，进一步激发学生学习的积极性，让学生的学习注意力更集中。

（四）提高学生的英语基本素质

多模态教学是促进高职学生接受素质教育的重要动力。在新课改要求下，素质的发展尤为重要，多模态教学模式的提出符合现代教学改革的要求，在很大程度上促进了学生的基本素质的提高。多模态教学是一种全新的教学体验模式，在英语课堂中教师可以采取多种形式对教学内容进行客观传达，这种新型的教学模式与高职学生英语学习结合在一起，具有划时代的意义。除此之外，从教学的成效来看，多模态教学能够顺应现代英语教学的发展，是一种与时俱进的教学模式，是培养高职学生素质与能力的重要手段之一，能推动素质教育不断向前发展。

（五）促进师生之间的互动

在传统英语教学模式下，教师作为课堂的主导者，往往过于关注知识教学，而忽略了与学生的良性互动。学生在学习过程中完全处于被动地位，缺少与教师的积极沟通。同时，教师缺乏与学生交流的意识，过于重视个人权威，导致良性互动缺失。利用多模态英语教学模式，教师可以更好地调控课堂节奏，并借助角色扮演等丰富的课堂活动来突出学生的主体地位，引导学生更加积极、主动地与教师沟通，从而拉近师生之间的距离，实现师生良性互动。

（六）转变教师教学观念

在传统的高职英语教学中，教师始终将学生看作被动接受知识的客体，不能对自身角色进行清晰定位。随着我国教育事业与现代社会的快速发展，这种教学方式已难以适应当下高职英语教学的需要，在限制了学生自身能力的同时，也为人才培养带来了较大阻碍。因此，教师应积极构建多模态教学体系，及时地转变教学态度与教学观念，将现代教育理念融入实际的教学中，避免因思维局限给多模态教学的实施带来阻碍。首先，教师应不断学习，积极地参与一些学校组织的综合培训，弥补自身的不足。此外，各高职院校在深化教学改革的同时，还应重视师资队伍的建设，为教师提供更多学习和实践的机会，使教师在不断学习与实践中树立较为先进的现代教育观念。其次，教师应根据社会对英语人才的需求，为学生设定合适的学习目标，供学生参考。教师除了要保证课堂教学的质量以外，还要从思想、意识、认知等层面引导学生端正英语学习的态度，使学生消除学习英语的消极情绪，并借助丰富多彩的课堂教学形式，培养学生的英语学习兴趣，使学生的学习取得较好的成效。

四、英语多模态教学资源的开发与应用

（一）营造多模态教学环境

1. 完善教学设备

教学中多种模态符号（如图像、视频、音频）同时引入，能够不断刺激学习者的感官系统，使其体验真实的英语语言环境，而这样的语言环境必须要有能够承载这些资源的硬件条件，比如，多媒体教学设备、智能手机等，这些硬件设施为将多模态教学方式引入课堂提供了必要的技术支撑。非传统的座位排列、讲台的摆放以及室内墙面的文化设计等，可以营造良好的学习氛围，这些布局为多模态教学提供了必要的生态环境。

2. 建设教师实训基地

在课堂教学环境方面，想要切实加大多模态建设力度，就要加大对现有授课

教师的改进力度和对实训基地的优化力度，基于视角和距离以及情态等多方面的元素，紧密结合教学的需要，致力于教学条件的优化，以达到营造多模态教学环境的目的。在建设过程中，实训基地的建设又是十分重要的内容，需要紧密结合学生专业和英语课程的特点、教学内容以及教学条件和学生个性化特点，切实注重有关要素的整合。在现代教学技术的支持下，学校应提供以声、形、体为一体的多模态教学环境，使得整个英语教学环境得到优化。

3.建设虚拟教学互动系统

学校应切实加强虚拟教学互动系统的建设。教室往往受场地、人数限制，尤其是在实训季度中，教室设计与环境营造存在一定的难题。为破解这些难题，我们可以构建基于虚拟现实技术（VR）的 3D 虚拟教学空间，不仅能进行教学情境训练，还能实现综合互动，对学生实际应用能力和职业能力的提升有着十分重要的作用。在具体的建设中，以 VR 为载体的 3D 虚拟教学空间的建设应尽可能地确保其具有真实教学空间中真实存在的各种教学资源，比如，教学要素库、素材库、拓展资源、图书信息资料等。在资源开发过程中，应以自主录制为主，并适当地从其他的素材库中进行一定的借鉴和引用，从而提升整个互动系统信息资源的丰富性。教师可利用VR整合多模态的情境资源，应用VR促进教学环境的营造。但是需要紧密结合教学情境，着力营造与之相符的教学与实训氛围，让学生在虚拟的环境下学习英语知识。而在情境要素方面，教师不仅要有实物和实景素材，还要有任务完成所需的虚拟素材，并给学生布置相应的项目任务，把实际课堂中的教学氛围利用VR来营造，在实现以境促教的同时实现以境促学。在整个教学过程中，借助VR实施多模态的虚拟方针，使学生置于多模态语境中学习，能够让课程教育的实践性得到提升。

（二）丰富多模态教学内容

在教学中，不同的符号模态可以产生不同的教学意义。根据不同的教学内容，教师可以充分利用声音、图像、动作等形式调动学生的兴趣。以听说课为例，设置不同的对话场景，可以使文本、听觉、视觉、动作等模态交互作用，加深学生对输入信息的理解。

1.更新多模态教学材料

多模态教学在教学材料方面的需求较高，所以教师要从传统的教材形式中走出来，致力于教材内容的更新，将多模态教学资源作为教材的核心内容。但是教学材料并不只是教材一种，还有很多方面的内容，以下主要以教材为例，对教材的更新提出几点浅见。在教材更新过程中，学校应紧密结合本校的实际编写校本教材，并结合学生的专业来编写，如某某专业实用英语；需要紧密结合岗位需求，结合岗位流程对实训内容进行创新，对实训目的不断明确，对实训步骤不断强化，使实训效果不断提升，这样才能在服务专业教学发展的同时提升专业人才水平。对于内容而言，要尽可能地确保其全面性；在结构方面，要以全新而又精炼的理论知识来指导实践，创设真实的情境促进教学成效的提升。总之，教学材料的更新需要做到声、光、电、形的综合，做到图文并茂，尽可能地彰显其趣味性，从而将学生的多感官调动起来，最终达到提升教学成效的目的。

2. 结合教材实施多模态教学

英语教材是教师开展教学活动的主要参考资料。相对于高中英语教材，高职英语教材的难度更大，学生在学习时更容易遇到各式各样的问题。再加上高职英语教材的内容较多，如果采用传统的讲授式教学法，学生将很难有效记住英语知识。因此，教师应充分考虑学生对英语知识的接受情况，以教学任务的形式，为不同层次的学生安排不同的自主学习目标，使学生能够以更加适合自己的进度完成学习任务。需要注意的是，高职英语教师应厘清教学思路，结合学生的具体学习情况、学习能力等，制订合适的教学方案，以更好地开展教学活动，确保多模态教学能够充分发挥积极作用。

3. 利用影视资源

影视与我们的生活学习息息相关，教师可以选择合适的影视资源对学生进行教学。在视听课堂中教师要积极引导学生融入视与听的元素，而影视资源恰恰是这两种元素的综合体。由于影视资源的种类繁多而且内容多样化，因此教师在选择影视资源时要去辨别其中的利弊，考虑教学的现实情况。在操练语音、语调时，教师应该考虑影片的角色发音是否准确，语速是否合适等问题。影片类型是多种多样的，涵盖了不同的领域。那么，教师在选择时，应该考虑学生平时的英语学习水平以及是否能够引起学生共情，从而引导学生最大限度地参与到学习中。另外，从影视素材角度出发，教师应该选择积极的、具有正能量的素材。教师在对影视资源进行课堂展示之前，可以在课前做好以下准备工作。

（1）教师可以在已建立的师生交流平台上发布问题，让学生在交流平台上讨论问题。

（2）教师可以布置课前作业，让学生自动地进行课外学习，从而培养学生的英语视听学习能力。

（三）增加多模态教学手段

多媒体与多模态教学模式的结合改变了以课本为主的传统教学模式。丰富的网络教学资源配以多媒体设备，使教学内容能够以文本、图片、音频、视频等不同形式呈现，为学生提供了多模态的文化信息。多模态信息灵活生动，使学生的感官得到充分调动，让学生在感受多模态互动效果的同时从不同维度学习语言、探讨文化现象。

1. 应用 PPT 教学软件

PPT 作为多模态教学中常用的软件，在教学中无疑是一种非常实用的教学工具。在英语课堂中，教师需要充分并灵活地运用各种现代化的教学资源，为英语学习者打造一种多模态的教学环境。制作英语课件是教师需要具备的一项基本技能，英语课件是教学中需要用到的基本教学资源。教师在备课时应该设计好每一单元的知识点。条件允许的情况下，学校可以要求教师小组集中备课，教师在与其他教师的交流与讨论中，将教学的内容设计得更加系统化、全面化，而教学设计中选择的素材一定要新颖、具有教育意义。除此之外，教师也可以上网查找相关的素材，将电影中的精彩片段、知识点合理地融入 PPT 中。现代教学中课件并不是简单地累积，而是需要教师找到一条学习的主线，确立课件的主题，从学生视听课堂中的薄弱环节入手，提高学生的英语表达能力。

2. 以说为主进行教学

在以视听材料为基础的教学中，教师可选择性地以影视英语教材来展示原汁原味的生活口语，为学生提供一种真实的客观语境。学生对影视英语教材内容进行直观的理解，并组成小组在课内和课外活动中积极发表自己的看法、观点。教师在英语课堂上可以引导学生提出自己的想法与思路，表达自己对英语课程的看法，不断改进以往的英语课堂模式。只有优化英语课堂，更多地将课堂留给学生，才能够进一步发挥学生的主人公精神，达到活跃学生思维的目的。

3. 教学资源整合

为促进多模态教学的实施，教师需要加强对多模态教学资源的整合，具体就是搜集各种图表、影音以及场景模拟等材料，从而更好地对现有的文本信息进行有益补充。教师应利用多模态资源强化学生对英语知识的学习，并在课堂中尽可能地创造与实际相符的语境，为多模态教学的实施奠定基础。

（四）构建多模态教学评价系统

多模态英语教学注重师生互动，注重教学内容的直观化，尽力从多角度、多方位来展示教学内容，以实现学生对知识点更透彻的理解。多模态英语教学的效果如何，要通过教学评价来体现。教学评价系统对教学过程进行实时监控，教师根据教学评估结果，改进教学方法，保证教学质量；学生根据教学评估结果，改进自己的学习方法，提升学习效率。因此为了使多模态教学能在英语课堂中顺利实施，必须调整和改革现有的评价机制，英语教学的目标不是选拔学习成绩优秀的人才，而是培养适应社会发展与市场需要的高技能复合型技术人才。除原有的终结性评价以外，教师还可以采用形成性评价方式，对学生在课堂和课后的活动过程进行实时监控和及时评价，重点在于考查学生对知识点的掌握情况，只有把两种评价方式有机结合起来，才能在英语课堂中引入多模态教学，才能调动学生在课堂上的积极性，从而促进多模态教学的可持续发展。

（五）建立教学创新团队

多模态教学方式是单一教学模式走向整合后的混合教学模式，是一种集语言符号和非语言（图像、声音、动作等）符号为一体的动态模式，其教学方法灵活多变，教学展示新颖独特。教师要准备一节多模态的课堂教案，需要大量的资源和整合这些资源的时间，这不是一个人在短时间里能完成的任务，需要优秀团队成员的带动和团队所有成员的分工协作。所以高职院校要建立一支有引领和示范作用的教师教学创新团队，使团队成员在搜集整合优质资源的过程中不断探索新的教学方法，通过信息化手段有效地进行教学创新，将最新的研发成果融入教学中，形成有特色、可借鉴的经验模式。同时学校要加强对团队成员的培训，鼓励他们到国内外的其他院校进行进修学习，对外进行学术与专业交流，提高其专业水平和科研素养，使他们具备对教学内容、教学资源进行优化和整合的能力，最终让他们具备高水平教学技能、大胆创新教学理念，让他们能精准把握学科建设及教改脉络。另外，制作那些难度系数大但有特色的课件时，需要掌握音响、摄像技术，还要利用剪辑技术或多媒体编辑软件，对英语多媒体教学资料（如课堂上需要讲解的单词、语篇信息）进行编辑和整合，这个时候就需要让懂这些技术的教师带动其他教师，或者对不懂技术、不会做课件的教师进行不定期培训，以点带面，带动全员参与，使每位教师自身的优势都能够得到充分发挥，形成有特色的教学团队。

第六节　翻转课堂教学资源

一、翻转课堂概述

（一）翻转课堂的概念

所谓翻转课堂，就是学者所说的颠倒课堂或者反转课堂。翻转课堂是指学生先结合所掌握的资源自主学习，然后将自己的学习成果在课堂上分享，进而获得教师与同学的点评，学生可以在此过程中提出自己的困惑之处，寻求教师的解答，最终建立自己完整的知识体系的教学模式。

这一教学模式十分重视培养学生的自主学习能力，明确学生的主体地位，同时依照微视频的模式，将课堂之上所讲述的各种内容放置到网络学习的平台之上，以引导学生自己先行学习，继而将那些疑难问题反馈给教师，让教师在课堂之上对其进行有针对性的解答，促使学生可以更为迅速地理解与掌握先进的专业知识。另外，教师还可以将课堂的时间充分利用起来，积极组织与引导学生进行实践活动，不断提高学生对知识的了解以及掌握程度，引导学生完成知识的迁移。

（二）翻转课堂的发展

最早的翻转课堂出现于 19 世纪 20 年代，当时的美国军方注重学员对所学知识的理解和应用，要求学员复述前天晚上所学课程的内容，并到黑板上做题。20 世纪末，国外一些高职院校进行了早期翻转课堂的实践和研究，但受到计算机和互联网技术的限制，终未能彻底打破传统的教学模式，仅对其进行了优化。1982 年，学者韦斯利·贝克就萌生了利用技术手段将需要记忆的材料移到课外的想法，但无法解决将教学材料以及讲座移至课外后课堂内该做什么的问题。1995 年学习管理系统的应用清除了教学材料传递的障碍，使学生在课堂上能有足够的时间专注于所学材料的应用活动。2000 年，韦斯利·贝克在第十一届大学教学国际会议上最早明确提出了翻转课堂的概念，他认为翻转课堂的主要理念是"压缩课内讲授时间，使学生有更多的时间主动学习；学生学习的重点应为理解和应用，而非简单记忆；学生要有机会向同伴学习并对自己的学习负责"。并据此提出翻转课堂三要素，即课前小测验、课堂针对课前学习难点的小讲座及大量专题活动，同时还提出了翻转课堂实施的四个步骤，即阐明、拓展、应用和实践。韦斯利·贝克认为翻转课堂在线学习资源能使学生自定步调，使学习更具个性化，让组内和组间合作学习，培养了学生的批判性思维。同一时期，拉赫、普拉特和特雷利亚也在做着类似的实验，但他们给翻转课堂起了不同的名称，称其为"颠倒课堂"或"反转课堂"。他们将经济学课程的讲授移至课外，让教室成为疑难概念解答和小组活动的场所，结果表明信息技术的使用，尤其是多媒体技术，给学生提供了新的学习契机。开放问题调查结果表明，学生态度积极，认为提问更容易，从同伴中学习更快乐，尤其能从视频讲座中学到很多。翻转课堂的成功首先在学前教育至高中教育中得以快速复制，2007 年，美国林地公园高中的两位化学教师乔纳森·伯格曼和亚伦·萨姆开始使用软件录制上课时的教学内容。翻转课堂在两位教师的推动下在全美推广。

翻转课堂推广到全世界主要受益于可汗学院在全球的影响。2006 年，30 岁的孟加拉裔的萨尔曼·可汗将自己 10 分钟数学教学微视频发布在网上并获得了很大的播放量，他后来创办了可汗学院。可汗学院依托网络在一夜之间便成为世界上最大的在线学校，它的免费碎片化在线教学视频事实上降低了翻转课堂实施的门槛，进一步普及了翻转课堂。

国内具有翻转课堂意义的教学模式起源较早（20 世纪 80 年代），如江苏省木渎高级中学的"任务驱动、问题导向"自主学习模式，就是一种"类翻转课堂"。国内学校对翻转课堂的实践研究大多具有各自校本特征，如山西省运城市新绛中学的"问题解决式学案课堂"，重庆市聚奎中学的"课前四步、课堂五环"实验等。这些实践虽然没有提出完善的翻转课堂的概念，但是促进了教学方式的变革。同时，国内多所学校的实验也表明，翻转课堂是多元化和个性化的，各校需要根据自己学校的特点走个性化及校本化之路。

（三）翻转课堂的特征

1. 个性化

翻转课堂首要的特征就是个性化。个性化学习的基础正是掌握学习理论，因此，翻转课堂蕴含掌握学习模式。在传统课堂中，教师以班级中等学生为标准设定课程进度，但无法兼顾班中学习困难的学生及优秀学生。而在翻转课堂中，由于知识异步传授，学生可"自定步调、自定节奏"，按照自己的步骤、节奏学习，既可暂停、倒退或重复教师的讲授，也可通过网络社区等形式寻求教师或同伴的帮助，这有利于学生根据个人情况完成学习，夯实基础。这种个性化学习既能有效帮助学习困难的学生，也能使学有余力的学生不受集中听讲的束缚，更多地关注拓展内容，并在帮助他人过程中巩固知识、加深理解。教师可通过学习管理平台，及时发现问题，并立即介入，给予学生及时指导，从而解决了忽视学习中"瑞士奶酪式"间隙等问题。

2. 灵活性

灵活性是翻转课堂的核心，不但指翻转课堂教学时空的灵活和多样，而且指教师可根据教学风格、学生特点及其他因素，采用不同的教学方式。国外翻转课堂在教学模式上比较灵活，既有全部翻转（国内称为"前后翻"），形式包括"家校翻"和"校内翻"，即知识传授等前置学习在家庭或学校进行，而课堂全部用于知识内化等活动，也有部分翻转（国内称为"半空翻"），即知识传授和内化均在课内，课堂上既有前置学习又有知识内化活动，以满足家庭学习条件不够的学生的学习需求或减轻学生课外学习负担。此外，教师还可根据某个单元具体学习内容，采用一种或多种翻转课堂教学模式。翻转课堂教学环境相对灵活，除教室物理环境外，还有电脑、手机等线上教学环境。翻转课堂尤其关注形成性评价，其评价体系也更为灵活多样。

3. 交互性

翻转课堂成功与否的关键并不在于视频的应用与否，而是视频使教学前置，从而提供给师生充足的课堂交流活动时间，因此，翻转课堂蕴含交互型教学模式。翻转课堂通过技术手段增强了师生之间的交互性，营造了良好的师生关系。教师不再是讲台上的"圣人"，而是学生的顾问、朋友。教师既能与学生在虚拟空间随时互动，了解学生课前学习的困难并给予及时的帮助，又有更多的时间与学生在课上进行面对面的互动交流，提供个性化的辅导。学生则通过合作学习与同伴互助增强交流，而不是像传统课堂上那样整堂课都忙于听讲和记笔记，并在交流过程中进行信息重组、知识建构。翻转课堂中公开的教学视频和教学要求也增强了学校与学生家长之间的交互性，学生家长可以更好地配合学校督促学生完成课外学习任务。

翻转课堂实现了师生间的一对一交流，并且显著加强了生生之间的互动，加之通过小组合作学习方式的应用，使得全体学生互帮互助、共同学习、共同进步。这一环节使传统课堂上教师作为知识唯一传递者的角色开始发生改变，让课堂学习过程开始以学生提问、教师答疑、生生探讨等方式为主，课堂上学生的主体地位得到了良好体现，同时学生在学习中参与的积极性也得到充分调动。高职英语教学中应用翻转课堂，对学生在对话及交流中应用所学词汇及短语等能提供极大帮助，使得传统课堂中重记忆轻交流的英语学习模式得到了有效革新。

4. 转换性

传统课堂教学通常以教师知识讲授及学生被动接受知识模式为主，课堂上的知识传递者及教学管理者都是教师。而在翻转课堂中，教师以指导者及组织者等角色为主，主要为学生学习提供协助。具体应用翻转课堂时，教师应对课堂内容及教学进程等进行组织和规划，作为课堂协助者的教师，需要为学生知识内容的内化提供帮助，同时指导学生学习，并解答学生疑问。课程教学的后期，教师评价并反馈学生的课堂表现及学习效果等，为学生后续的自我改进及自我控制等提供便利条件。

翻转课堂的中心及学习主体都是学生，学习过程由学生针对学习内容、学习速度等进行自主设定，同时学习时长、学习内容量等也由学生自己决定，此时学生在传统课堂中知识被动接收者的角色开始发生改变，逐渐成为课堂上的主体。作为课堂独立学习者的学生，有对学习进程及学习流程的自主决定权，这无疑是教师和课堂对学生个体独立性的充分尊重，对学生自学水平及综合学习能力的提升都极为有利。因此可以说翻转课堂的全过程都是由学生这一主体在重构知识。

（四）翻转课堂的作用

1. 加强师生、生生间的亲密关系

通常情况下，我国传统教学模式中，教师可谓整个教学课堂的主宰者，教师一堂课讲课的时间一般在85%以上，该数据还仅是一般情况下的估计。由此可知，课堂上学生十分被动，只是一味地接收教师讲授的知识，并没有主动参与其中，即使学生在课堂中提出了问题也很难及时得到有效解决，因此师生间存在很大的隔阂，关系也并不十分亲近，学生与教师之间普遍存在距离感。长此以往，学生对英语的学习兴趣也会逐渐下降，教学效率也会止步不前，师生间的关系也无法更进一步。但翻转课堂更加倡导师生间的互动，因此有助于进一步拉近师生间的关系，使师生可以如同朋友一样地相处。

2. 提高学生学习的自主性

与其他课程并无任何区别，传统高职英语教学通常采用"先教后学"的教学方式，即先由教师基于教学大纲对教材知识进行详细讲解，在讲课的过程中让学生被动地吸收。若学生对学习具有一定自主性，则会在课前进行相应的预习工作，对所学内容有所了解，在课后再对知识进行简单梳理，同时对知识进行复习和吸收。部分高职学生并不具备较强的自主学习能力，且部分对英语课程不重视，因此既做到课前预习又做到课后复习的学生寥寥无几，这也正是学生在课堂教学中跟不上节奏的首要原因。但翻转课堂属于"先学后教"，即学生需要合理地安排自己的学习时间，自主选择更为合适的学习方式，通过视频的观看对新课程进行简单了解，并对课程初步学习过程中遇到的问题进行记录。教师通过课堂教学，使学生能够更加具有目的性、针对性地进行学习，如此一来则可做到事半功倍。

3. 促进教育的公平性

我们不得不承认，就目前情况来看，不同时代和不同区域的教学资源的差异性十分显著，教学资源的分配存在不公平的现象。实际上，我国传统教学模式很容易受到诸多因素的影响，包括教师的个人素质、地域等，因此地区间的教学资源很难实现共享，该情况对于部分区域的学生来说十分不公平。此外，部分教师由于自身能力的限制，其教学方式很难得到学生的一致肯定，因此教学质量很难得到提升。但"翻转课堂"教学模式有助于实现教育资源的共享，使教学资源有限的地区也可通过网络进行视频的观看，从而打破传统教育带来的各种限制，使教育更为公平。

4. 增强教学的层次性

学生在翻转课堂的教学模式下，可以自主学习英语，也可结合自身的英语基础对课前预习任务分层次地完成，这也将学生的主体地位以及以人为本的教学要求充分体现出来。学生课前分层次地完成自主学习任务，有助于达到以下几方面的效果：其一，可以使学习时间更加灵活，满足学生自主学习的强度和时间需求；其二，反复练习有助于学生尽快接近自身学习的最佳状态；其三，在课前自主思考并内化知识有助于学生在课堂中更加具有针对性地讨论问题，并解决问题。

5. 重构认知过程

翻转课堂并非课堂教学与课后活动次序的简单颠倒，也不是简单的先学后教理念的翻版。翻转课堂的精髓是学生根据认知负荷和认知过程选择合理的学习场所和学习方式。美国心理学家布鲁姆将认知领域目标分为六大类，即识记、领会、运用、分析、评价和创造。识记指从记忆中提取、识别知识。领会指理解意义，转化、改写和解释说明问题。运用指将概念运用到一个新的情境中或自发地使用一个抽象物。分析指为了让组织结构能被理解，对概念进行区分。评价指根据一定的标准和指标通过检查而做出判断。创造指将要素重新组合成一个新的模式或结构。前三类为低层次认知目标，后三类被认为是高层次认知目标。

翻转课堂课前主要是知识的传授，培养学生的低层次认知能力，而课内关注知识的拓展和应用，培养学生的创新及批判思维，更多的是高层次认知能力的培养。翻转课堂信息化教学前移使学生既有更多的时间锻炼高阶思维能力，也有更多的时间锻炼识记及初步应用等低阶思维能力。在这种重构的学习环境中，学生的学习效率得到显著提升，学习更为专注和投入，所需学习时间也更少，而效果并未降低。

在传统课堂转变为翻转课堂的过程中，提前学习知识和进行知识内化这两方面最为重要。课堂教学过程主要就是学生学习知识并内化知识的过程，但是传统课堂教学过程，学生学习以教师教学流程为主、课后巩固选择做作业的形式，这必然不能保证学生有效习得知识和内化知识。翻转课堂教学基于网站及教师提前准备的资料，能让学生的课前自主学习得以良好进行。在之后课堂教学过程中，学生分析讨论重点、教师总结知识解答疑问，教师在课堂之上有针对性地辅导、指导学生，对学生有效吸收和内化知识有极大的帮助。

二、翻转课堂建设存在的问题

（一）传统英语教学模式的阻碍

随着现代信息化教学的发展，各种各样新型的教学理念和教学手段相继出现，丰富了高职院校英语教学的大环境。但是，由于高职教师个体间存在差异，包括生活习惯、思想观念等的不同，他们在教学的过程中会形成一套适合自身特点的教学理念。随着时间的推移，这套教学理念逐渐在教师思想意识中根深蒂固。受传统教学理念的影响，教师在课堂教学中一直处于主导地位，甚至部分教师在课堂教学中常常以居高临下的姿态面对学生。然而，高职阶段的学生已经拥有独立意识，因此，这种常以师者自居的姿态极易使学生反感，与现代教学理念不相符。

近年来，翻转课堂已经成为当下课堂教学中被教师推崇的一种新型教学模式。该教学理念重点突出教学课堂中的自由化和平等化，与教师根深蒂固的传统教学理念存在极大的矛盾。所以想要将教师原本根深蒂固的教学理念彻底转变，势必需要一个很长的转化过程。

（二）英语教师的信息化能力较弱

当前，翻转课堂实际应用越来越普及，不仅要求教师具备扎实的专业基础知识，还要求教师能够熟练使用计算机，利用音频、视频、动画等的编辑程序制作出高质量、个性化的精品课件。这些课件在课堂上起到辅助作用，方便学生更好地理解和学习英语知识。目前虽然很多教师都具有非常高的教学水平，但是其信息技术的实际应用能力还有待提高。

（三）硬件设施不够完善

翻转课堂是充分借助当前现代化技术实现课堂内外衔接的一种新型教学模式，不受空间、时间的限制。因此，完善的软硬件设施是保障翻转课堂顺利开展的首要前提，倘若支撑翻转课堂的软硬件设施不完善，那么翻转课堂教学必定是"镜中花，水中月"，纸上空谈而已。相关调查显示，虽然大多数高职院校为了迎合当前新课改教学理念，纷纷开始尝试翻转课堂，但是在高职英语翻转课堂实际教学中，翻转课堂软硬件设施不完善是普遍存在的问题，主要表现在以下几个方面。

（1）大多数高职院校不具备录制英语教学视频的场所和设施，以至于英语教学视频录制的场所和设施缺乏固定性和规范性。

（2）高职英语网络学习平台缺乏专业性，信息化建设不完善，网络维护和更新不到位。

（3）高职学生英语自主学习资源较缺乏。

（4）信息化平台管理权限存在分配不均的现象。

三、翻转课堂的建设途径

（一）优化课前准备

在翻转课堂的实践过程中，针对课前准备的优化，英语教师应当注意以下方面。

1. 革新观念

英语教师应当充分理解翻转课堂的概念，明确翻转课堂的教学目标在于充分发挥学生的主观能动性，推动学生自主学习能力与合作学习能力的提升。在实施翻转课堂前，英语教师应当对学生的学习现状和性格特点进行了解，在此基础上判断翻转课堂的可实施性，并结合学生实际对翻转课堂的教学内容、教学目标及教学策略进行适当的调整，以保证翻转课堂与学生具有较高的贴合度。教学关系是翻转课堂最大的特色，在翻转课堂中，学生是课堂学习的主体，教师扮演着引导者的角色。对此，在实施翻转课堂的过程中，英语教师应当明确自身引导者的角色，通过给予学生充足自学时间、讨论时间的方式，为他们自主学习能力和合作探究能力的提高创造条件。同时，在组织活动的过程中，英语教师应当重视自身的引导作用，参与到学生的自学活动与讨论活动中，带动每个学生真正参与到活动中，完善翻转课堂教学。

2. 制作课件

在互联网快速发展的背景下，多媒体的应用范围逐渐扩大。利用多媒体组织教学活动，能够有效提高教学内容的生动性，营造良好的教学氛围，为学生提升知识理解能力创造条件。在翻转课堂的实施过程中，英语教师应当结合翻转课堂的特点，在制作课件时侧重激发学生的学习兴趣和增强课堂的互动性，为翻转课堂作用的充分发挥创造条件。

翻转课堂教学模式要求教师能够借助多媒体提前将教材中的内容进行整合，将大纲中教学的重点和难点以更为鲜明的形式为学生呈现出来。由于视频有助于锻炼学生的口语表达能力和听力能力，所以目前我国高职英语教学多以视频的方式呈现。但翻转课堂中的视频要符合一定的要求。第一，翻转课堂视频时间过长过短均不合理，一般要求控制在15分钟左右。由于课堂的教学时间有限，教师需将课堂重点放在最后师生间的交流、讨论以及教师有针对性的指导上面，如果视频的时长过长则会导致后边的重点内容没有时间呈现，但若太短也会导致很难在规定时间内对整个课程进行整合，无法将视频的作用充分发挥出来。第二，内容要具备较强针对性。在视频中，教师需要针对某一特定知识点进行分析，确保学生能够更加快速地理解，力争做到一针见血、言简意赅。第三，合适的时间。教师在视频中需适当提出一些问题，引导学生在接下来的视频观看中进行思考和解答，使学生学会带着问题学习，不然学生将会只是单纯地观看视频，不会主动思考问题。第四，合适的难度。教师在制作视频时，需要综合考虑所有学生整体的理解能力，因此视频难度需要控制在合理范围内，语速也需适当控制、不要过快，使学生能够更加愿意进行自主学习，独立完成教师布置的任务。一旦视频内容太过复杂难懂，学生的自主学习积极性就会被打击，最终反而会适得其反。

3. 进行分组

分组学习是翻转课堂的重要环节，能够强化学生在课堂上的主体地位，提升学生的学习主动性。针对分组学习，英语教师应当注意以下方面的问题。一是小组的划分。英语教师应当以学生的实际情况为依据划分小组，保证每个小组的平均水平相当，促进良性竞争关系的形成。同时，英语教师还应当引导学生结合实际明确自身在组内的角色定位，主要包括监督者、主导者及总结者等多个角色。这样能够充分发挥每个学生的主动性，避免过度依赖等问题的产生。二是多媒体技术的应用。在小组活动的过程中，英语教师可以借助多媒体营造良好的小组活动氛围，促进学生讨论兴趣的提高，为翻转课堂教学质量的提升提供保障。

（二）提升教师信息化教学能力

高职院校应提升教师的信息化教学能力，形成长效机制。作为英语教学工作的主体，英语教师要深化英语信息化教学改革，不断更新自身教学理念，更好地利用信息化教学手段，提升英语教学能力和水平。一方面，英语教师要在教学过程中树立全新的教学理念，不断积累经验，熟练掌握信息化教学手段，在深入了解混合式教学模式的基础上，积极引导学生开展英语学习活动；另一方面，高职院校要对英语教师定期进行培训和再教育，通过不同形式的活动使教师能够更好地运用全新的教学工具、技术，如举办英语沙龙、英语讲座、英语论坛、信息化技能培训等活动。此外，高职院校还可以面向英语教师组织、开展信息化教学竞赛活动，邀请专业人员进行评价，并制定激励机制，使教师积极参与培训和学习活动，形成长效机制来产生教学相长的效果，从而打造出一批专业能力较强、综合素质较高、信息化运用水平较高的优秀英语教学团队，确保英语教育教学改革工作顺利开展，有效提高英语教学质量。

（三）加快硬件和软件平台的信息化建设

为了更好地推动高职院校英语教学翻转课堂信息化建设，相关院校可以通过政府、企业的资金支持完善硬件设备，或者积极联合兄弟院校共同进行高职院校英语教学翻转课堂的信息化建设。

高职院校应根据自身实施翻转课堂的现状、师生关系和学生学习的特点，打造一个信息化教学平台，使翻转课堂与信息化教学平台相融合，利用教学视频、音频等整合所有的学习资源，实现资源共享。鉴于部分学生存在自觉性不强、毅力不够等缺点，教师可采用注意力十分钟法则，即多个资源围绕一个知识点展开并有鲜明的主题，这样的学习方法可以让学生用少量的时间去完成一个整体的学习任务。信息化教学平台要配套一些相应的课后练习、问题咨询等辅助性功能。在这个全面的信息化教学平台上，学生可以根据自己的时间、计划和进度安排学习。

平台的建设有效整合了学习资源。高职院校通过平台能获取所需的学习资源，实现资源共享，让学生更好地完成学习、复习等任务。如果学生发生突发状况，不能及时参与视频教学，也可以通过重播弥补缺漏知识，以保证不会出现学习断层的现象。此外，高职院校还要落实个性化教学制度，在视频学习的基础上，配合在线教学检验，通过一些简单的小测试，让学生直观地看到自己的学习效果，这有利于学生达到预期的学习目标、获得良好的学习效果。

信息化教学平台上所有的内容最终还是为了服务学生，帮助学生更好地掌握知识点，提高学生的学习规划能力、学习的自主性，也给学生营造一种个性化的学习氛围，从而激发学生的学习兴趣，快速解决学生在自主学习中遇到的问题。平台的自测、检测、评分等功能让学生了解自身的知识掌握情况，便于学生做出更好的学习规划，再配合高职院校教师的在线答疑，能够让学生更快更好地发现自身不足，有效提高自身的英语水平。

（四）加强对学生的全程把控

信息化教学平台辅助高职院校英语教学翻转课堂，有利于提高学生的英语自主学习能力。教师提前制作视频、学生课前自主学习、师生课堂合作交流是翻转课堂的基本教学模式。以上三个环节中，学生课前自主学习这一步最为关键。学生只有做到自主学习，才能使学习视频将其作用充分发挥出来，才可提升师生间课堂讨论的效率和价值。但就目前的情况来看，我国实际的高职英语教学课堂的情况并不乐观，一些学生并不具备较强的自主性，很难将课前预习落实到位。在学习期间，高职院校教师的把控必不可少。教师通过学生在平台上完成的自测任务，掌握每一位学生的在线学习进度，并且根据这些后台数据对教学内容做出评估，及时调整教学策略。教师应针对学生集中出现的问题进行解释强调，从而帮助学生提高学习效率、改善学习方法；要鼓励学生在线讨论、互相帮助，共同寻找学习上的不足，及时查漏补缺。

在翻转课堂中，师生间的交流和沟通是最后一个步骤，这一步骤是该教学模式的重要组成部分，通过这一步骤教师能够在一定程度上衡量出最终的教学成果。完成自主学习后，学生对所学知识通常会形成初步的想法和判断，但也会存在一些问题。教师可通过在线测评对学生的自主学习情况进行掌握与了解。之后，教师即可结合学生提出的问题有针对性地予以解答，同时鼓励学生大胆发表言论，这时是观点碰撞、拓宽思维的最好时机。在对自己的想法进行表达的过程中，学生也会逐渐明白自己的问题所在，从而慢慢进步，这恰好是教学的最终目的。在课堂的最后，教师可结合师生间交流的结果给出总结，对问题进行正面回答，并逐渐进行升华。

（五）建立混合教学评价机制

在改变英语教学模式的同时，也要对传统英语教学评价机制进行改革和创新，构建混合教学评价机制，使英语教学评价更加科学化和全面化。采用混合式教学模式后，借助更新的评价模式能够有效地开展评估工作，更好地满足混合式教学的需要。院校在"互联网＋"环境下要建立混合教学评价机制，要侧重对教学过程进行评价，将形成性评价与终结性评价整合起来，以改善学生的学习效果。在以往的终结性评价中，教师仅通过期末测试的方式来考查学生的学习成果。而采用过程性评价模式，英语教师可以从多个角度入手，全面落实评价工作，包括课堂测试、课堂交流、课堂讨论等。制定混合教学评价机制时，除了要对学生的学习状况进行评价，还要丰富评价方式，进行教师评价、学生自评、学生互评，让学生了解自己所取得的学习成果，明确自身的不足，及时调整学习计划，不断完善自我，获得进一步的发展。

四、翻转课堂教学资源的应用

（一）整合翻转课堂与传统课堂

在采用混合式教学模式时，教师可以基于传统课堂教学，有效融入翻转课堂，对基础性的教学内容进行前置、翻转，让学生提前利用网络视频了解所要学习的知识。在"互联网＋"环境下，英语教师可以根据专业差异，在掌握学生英语学习需求的前提下，优化设计微课教学环节，落实个性化教学，使不同学生的英语学习需求都得到充分满足。

采用混合式教学模式，教师可以在网络学习平台上传相关的学习资源、学习任务及学习目标，使学生提前了解课程大致内容，让学生按照教师的指引完成英语学习任务。学生应能够结合自身的实际状况，合理安排时间观看微课视频，做好预习准备，提升英语自主学习能力。在实践教学工作中，教师和学生应能够进行线上沟通和交流，及时解决遇到的问题，并发挥网络平台的作用，教师应能够实时监督和引导学生学习。

在英语的实际教学过程中，教师可以结合微课视频中预习的知识，设置专项课题，组织讨论、交流活动，使学生在课堂讨论过程中能够彼此学习、更好地掌握英语知识。教师应将传统课堂教学和基于微课的翻转课堂进行有机整合，发挥好引导者的作用，确立学生为英语课堂的主体，保证学生学习方向的正确性，解决学生在学习过程中遇到的问题。教师可以将学生划分为不同小组，进行分组教学，让学生在课堂中集中展示学习成果，提高学生的英语综合能力。课后教师可以利用微课视频对课堂知识进行总结，帮助学生巩固知识，保证学生获得良好的学习效果。

（二）整合翻转课堂与移动学习

在互联网技术迅猛发展、智能终端设备日益更新的时代，笔记本电脑、平板电脑和手机成为学生进行社交、学习的重要工具。尤其在"互联网＋"背景下，面对在线学习的发展趋势，院校要利用好移动学习平台的优势，使学生能够自主学习、个性化学习，采用更加便利和高效的学习方式，摆脱传统英语课堂在时间和空间上的约束。院校要搭建移动网络学习平台，方便学生在手机或平板电脑上观看英语教学视频、英语新闻等，丰富和充实英语教学内容，提高英语学习效率。在营造良好的移动网络学习环境时，院校应鼓励学生开展自主学习活动，让学生主动搜索有关英语教学的资料并将其及时推送给其他学生，与传统英语课堂形成互补，从而让学生在良好的英语学习氛围中提升英语学习水平。院校可以针对网络英语学习平台和网络英语学习资源，开发英语学习应用软件，帮助学生顺利进行英语学习。

在进行英语教学时，院校英语教师要结合自身专业特征和实际状况，帮助学生树立正确的英语学习观念，使学生将自身专业、希望从事的行业同英语学习有效整合，从而有针对性地选取英语学习应用软件。教师也要了解学生的个性化需要，以需求为导向对应用软件学习方案进行科学设定，为学生更好地进行英语学习提供保障。在鼓励学生借助应用软件进行自主学习时，教师要考虑不同学生的英语水平不同，提供包括英语词汇学习、英语词汇强化、英语听说读写能力提升等在内的一系列应用程序，使学生的英语综合学习、运用能力都得到提高，这样才能充分体现英语学习应用软件的价值。在使用英语学习应用软件时，学生应能够通过多样化的方式来锻炼英语能力，包括英语视频配音、英语名著阅读、英语词汇小游戏等。在全新的教学模式下，学生能够更积极地投入英语学习，提高英语成绩。

（三）整合翻转课堂与慕课、微课

1. 教师课前做好规划

高职英语教师在正式上课之前应该进行充分的教学准备，并且要以教育目标为标准，从而准备行之有效的课件。确定好该节课的主题与知识点后教师可进行教学演练，找出自己教学方法的不足。教师应根据课程时长来制作教学视频。需要注意的是，每一个教学视频都应该具备侧重点，即重难点的着重讲解与简单内容的清晰讲解，务必将课程的知识点传递到位。最后教师将视频通过慕课或者其他平台传递给学生。

2. 实施过程

（1）合作探究阶段。学生在观看微课视频前与观看微课视频后应该有目的性地进行不同的学习准备，在遇到不解之处时需要与同学共同讨论，互帮互助。

（2）个性化指导阶段。教师在每个学生观看视频后，收取学生的学习总结，并针对学生的反馈信息来对每一个学生进行不同方面的辅导，保证每一个学生都能够学有所获。

（3）巩固练习阶段。英语教学模式的广泛运用对学生的英语综合能力提出了更高的要求。教师可以采用学生上台总结学习成果的方式来了解学生的学习进度以及对新知识掌握的程度，最终采用更加高效的教学方式。

（4）总结和点拨阶段。学生在小组内进行发言，与大家分享自己的学习所获。教师则根据学生的发言表现来为他们答疑解惑，并帮助他们建立一个更加完整的知识体系。

（5）教学效果的分析阶段。对于最终教学效果的了解主要有两种途径，即考试和问卷调查。前者考查学生对英语知识的综合运用能力，后者侧重于了解翻转课堂教学模式的开展效果。

（四）整合翻转课堂与对分课堂

对分课堂要求学生在课程结束之后查阅一些与课程相关的资料从而进行自主学习。这一模式更加注重学生对于所学知识的思考，同时也更加强调教师与学生之间的互动，以及学生与学生之间的互动。翻转课堂更加注重学生课前对微观课程的学习。这种学习模式强调教师在课程前期调动学生的学习积极性，从而培养学生在学习过程当中发现问题、思考问题的能力。

对分课堂在实际应用过程当中更加强调学生的学习内化，同时它强调将学生的实际学习水平作为教学的基础，让学生通过查阅资料等方式方法对教师所教授的内容逐渐地消化与吸收并在这一过程当中独立完成学习任务。翻转课堂在实际应用的过程当中是学生自主决定学习的具体时间、地点以及内容的，这种教学模式更加贴合学生的个性化需求。

1. 课前

在预习的过程当中，教师可以针对课文的背景知识进行深入介绍，从而进一步拉近学生与课程的距离，让学生能够通过背景知识对所学内容产生好奇心，激发学生的学习兴趣。

2. 课中

在课堂讲授环节中，教师可以导入一些生动有趣的内容，让学生能够真正地被课程吸引。除此之外，教师还可以通过分组的形式以及头脑风暴等方式让学生进行讨论。需要注意的是，在这一过程当中教师必须为每一组设定具体的学习任务，让每一组以合作的形式在学习相关知识的基础之上学会互助式学习以及团队协作。

3. 课后

教师要关注学生在课堂上的内化与吸收效果，为学生提供更加多元化的学习内容。在课程结束之后，教师要让小组中的每一个学生都明确自己的学习任务，让学生结合教师在课堂上以及视频中教授的内容通过多种方式方法收集所学知识的背景资料，从而让学生通过更加个性化的学习方式对所学知识进行理解和消化。如果在这一过程当中个别学生在个别知识点上仍然存在着一些疑惑，他们可以向班上的其他学生虚心请教，同时也可以向教师求助。除此之外，小组内部成员还可以相互分享自己所收集的相关资料并进行集体讨论。在集体讨论以及集体展示的过程当中，学生可以通过反复练习深化所学内容，从而对所学的知识理解更加透彻。

4. 讨论与评价反馈

在讨论与评价反馈这一环节中，首先，教师必须向学生清楚介绍讨论的规则以及讨论的具体内容，同时还要特别交代一些讨论过程当中需要注意的事项。其次，教师可以按照实际情况把学生分成不同的小组。在讨论环节中学生可以通过回顾所学的具体知识内容及重点难点，分享自己学习过程当中所遇到的一些困难以及解决这些困难的经验，获得更多学习上的方式方法。除此之外，教师还应要求学生在分享的过程当中把回答的问题以小组报告的形式呈现出来。教师一定要注意在讨论过程当中对学生学习效果以及讨论效果的核查，让学生的讨论并不是一味地开展茶话会活动，而是需要让学生通过回答一些有针对性的问题进行实践性的研究。在讨论过程当中，教师的主要责任是进行巡视观察，不实际参与具体知识的讨论。在讨论结束之后，小组成员派出代表对所讨论的内容进行轮流汇报。各小组之间可以针对汇报的内容给予一定的意见和建议，如果确实遇到多个小组都解决不了的问题，教师可以对其进行跟进性的补充。

第五章　文化教育资源的开发与应用

本章内容为文化教育资源的开发与应用，主要从两方面进行介绍，分别为课程思政资源的开发与应用、中国传统文化资源的开发与应用。

第一节　课程思政资源的开发与应用

一、课程思政的内涵

高职院校学生的德育问题一直都是党和国家重点关注的问题，在习近平总书记反复对德育工作的重要性进行强调后，学界也对其给予了高度重视。为了不断提升当代高职院校学生的思想和品德教育水平，国内各大高职院校纷纷提出完善本校育人课程体系的策略，希望能够在本校的课程中融合思政教育理念，从而培养出更多满足国家发展需求又同时拥有优秀品德的人才。学校不仅需要在专门的思政课程中重视学生的品德培育，还需要重视将其与其他学科进行有效融合。对于英语教学来说，思政教育的融入不仅能够让学生在学习语言知识的同时培养良好的思想品德，还有利于学生提升自身的语言素养，促进我国的教育事业在这种提升学生综合能力的教育模式下能够得到快速发展，为社会各界培养越来越多的优秀人才。

（一）课程思政的概念

所谓课程思政，就是从所授学科实际出发，将具体的学科教学与思想政治理论教育工作有机联系，两者同向发展、共同进步，最终形成协同效应。在教学实践阶段，教师要深入贯彻立德树人、素质教育、文化传承和创新思想要求，并践行于教学之中，以保证科目教学能够呈现出最佳的教学成效。这就需要教师深入发掘各类非思政课程的思想政治理论教育素材和资源，将思想政治教育有机贯穿各类非思政课程教学中，对学生进行正确的人生观、伦理观、价值观、世界观及思想政治教育。即以学生掌握非"思政"各专业课程、通识课程的基础理论、基础知识、基本技能为基础，将马克思主义基本原理、中国特色社会主义思想、社会主义核心价值观、共产主义理想信念、中国传统文化精神等思想政治教育理论有机融入非"思政"课程教育教学的全过程，强化对学生思想政治教育的价值渗透和方向引领，实施显性专业课程理论、知识、技能掌握与隐性思想政治教育相融合的教学手段、方法和策略，充分发挥教师的主体引领作用，调动学生的主观能动性、积极性、创造性，开展学生适应自身终生发展和未来社会发展的核心素养与思想政治教育互相促进、融通，彰显"思政育人"协同效应的教育实践活动。

（二）思政课程与课程思政的关系

从思政课程到课程思政，是源自上海高职院校陆续提出的"构建全课程育人体系的全新思路"，是教育价值理性的回归。从思政课程到课程思政，其实并不是一门课程的变化，也不是一项教学活动的简单转化，而是寻求在时代背景下构建全员育人、全程育人、全课育人的教学形式，两者辩证统一，同向而行。其目的都是解决高职院校如何培养人、培养什么样的人等问题，思政课程无疑作为理论方面的知识更好地为人才培养指明了思想方向，而课程思政则是将理论更融洽地应用于实践中去，更宏观地、全方位地、多角度地提高学生的综合素质。

（三）思政课程与课程思政的区别

思政课程和课程思政之间存在一定的差异性。对于思政课程而言，主要是思想政治教育方面的课程。通常情况下，高职院校进行人才培养工作过程中，涵盖了众多不同类型的课程，如思想道德修养与法律基础、中国近现代史纲要等。所谓课程思政，针对的不是一门课程内容，而是全新的教育思想。在具体开展的过程当中，教师可以组织学生参加到不同类型的学习活动当中。具体来说，高职院校当中的全部课程均可以发挥出知识讲解、思想政治教育等方面的作用，能够帮助学生形成正确的"三观"。此种措施能够有效规避思政课程在教学过程当中形成孤岛的情况，使所有的教师均参与到课程思政的教育工作当中，逐步形成系统的课程思政教育制度。对于高职院校英语教学工作而言，教师需要科学利用课程思政理念，合理设计具体的教学内容，以便凸显出英语教学内容的人文性、思想性等优势特征，增强英语教学工作的整体效果，有助于确保英语教学的质量。

二、英语课程思政的必要性

（一）思想政治教育的要求

课程思政不是一门课或一类课，而是一种教育教学理念，即在非思政课程中贯穿思想价值引领的主线，发挥各类课程与思想政治理论课同向协同育人的功能。因此，它是落实思想政治工作贯穿教育教学全过程，实现全员、全程、全方位育人理念的重要途径。课程是思政的载体，将思政融入课程中，二者有机融合、互相促进、协调发展。在当今院校的教育系统中，思想政治教育是非常关键的一个组成部分，其目的是引导学生在复杂多变的社会环境中树立正确的"三观"。当今，全球已步入信息化社会，新的思想或理念不断冲击着学生的思想并产生日益深远的影响。在此背景下，院校思想政治教育工作者需要时刻保持先进性，摆脱传统教育模式的束缚，在教育目标和内容上都提高针对性，遵循因材施教的原则，在实处落实"立德树人"的思想。而英语教学中应用课程思政理念恰恰可以满足院校思想政治教育的现实需要，从而不断拓展思想政治教育的广度和深度。

（二）人文教育的要求

语言是思想文化的载体，塑造着人们的思维方式，影响着人们的价值取向。语言的形成、发展和变化都根植于特定的民族文化之中。高职院校英语教学作为一种语言教学，其本身就是一种文化传承、文化塑造和文化交流的实践活动，具有极为丰富的人文内涵和极为重要的学术研究价值。作为人文教育的英语教学，不仅是英语语言知识的传授和语言技能的训练，更是对中西方文化的融合和传递。

英语是高职院校教育系统的一个关键性组成部分，其教育目标和内容都紧紧围绕语言技能和知识。从表面上看英语教学跟思想政治教育毫无关联，实际上并非如此。一是在素质教育的背景下，所有的文化课程都涵盖丰富的世界观、人生观、价值观教育内涵。二是英语的特点是内容新颖、跨度范围大、教学课时长等，倘若教师能够有效地统一社会主义核心价值观跟英语教学，就能够在英语教学中很好地渗透价值观教育，从而在实处落实教书育人的责任，最终使英语教学的目标顺利实现。因此，英语课程兼具工具性和人文性，其内容不仅有英语听、说、读、写、译等技能的训练，更有中西方语言文化知识和价值观念的分析和比较，以及学生道德品质和职业素养的培育和养成。这些都与思政教育密切相关，有利于英语课程思政资源的整合，更有利于英语隐性思政教育功能的发挥。英语人文教育的属性使英语课程在对学生的思想引领和价值塑造方面具有独特的优势。因此，对英语教师而言，积极发挥英语课程以文化人、以文育人的功能，不断探索英语课程与思政教育相结合的教学改革之路势在必行。

（三）学校发展的要求

教育强盛是国家强盛的根本保证，人才兴旺是民族兴旺的重要前提。怎样培养出国家发展所需的优秀人才？除了抓好知识教育外，更要抓好思想政治教育，让学生牢固树立中国特色社会主义道路自信、理论自信、制度自信、文化自信。否则，我们培养的就不是社会主义事业的建设者和接班人，而是反对派和"掘墓人"。没有崇高理想和良好品质，知识掌握再多也无法成为优秀人才。因此，建立"三全育人"（全员育人、全程育人、全方位育人）教育体系，全面提高高职院校人才培养的能力，已经时不我待。

（四）教师发展的要求

教师要反复思考"为谁培养人才、培养怎样的人才、怎样培养人才"的问题，并在教育教学实践中不断修正。只有将自身的发展汇入学校的发展、国家的发展、时代的发展洪流中，用自身不断完善的"三观"、渊博的学识、专业的素养和高尚的道德情操对一批又一批的学生产生积极正面的熏陶与影响，教师才能真正实现自我的价值，不枉为人师。

（五）学生发展的要求

从学生的角度来看，首先，高职院校学习时期是学生"三观"形成与完善至关重要的时期，每一位教师都有责任结合本课程的特色，在日常教育教学活动中融入思政教育的内容，帮助学生建立更科学的世界观、人生观与价值观，促进学生健康、全面地发展。思政教育应该成为专职教师从事思政教育教学有效和有力的补充。其次，很多学生被西方的影视作品、音乐、时尚潮流等流行文化影响得比较深，在潜移默化中发生了一些消极的、负面的改变。英语教师是沟通中西方文化的桥梁，要帮助学生意识到两种文化的差异及其文化背景，甄别、抛弃英语文化中的糟粕，用优秀的英语文化丰富学生的思想观念，开阔学生的视野，启发学生的思维，提升学生跨文化交际的能力；通过文化对比的方式，和学生一起重拾中国传统文化的精华，加深、加强对传统文化的理解与学习。传承、发扬传统文化中优秀的人文精神、道德修养是英语教师光荣的使命和义不容辞的责任。最后，教师应结合语言知识的学习、语言技能的训练，提高学生综合素质、人文气质及职业精神与素养，提高英语教学的思想性与教育性，把学生培养成具有社会主义核心价值观、适应国家发展与建设大局所需的优秀人才，启发他们把个人的命运与国家的命运、个人的发展与国家的发展紧密地结合起来，以充分实现自己的人生目标与自我价值。

（六）思想政治教育与英语教育彼此推动的要求

课程思政在高职院校英语教学中的应用使相关教师不但改变了以往的教学思想、优化了教育模式，而且能够基于各个环节完善与改进课程。跟传统的教育效果相比，新的教育模式不但创新了高职院校思想政治教育途径和方法，而且大大提高了高职院校英语教学质量。可以说，两者的融合形成了彼此推动的关系。在进一步实施新课改的影响下，以往高职院校英语"填鸭式"教学模式逐步被淘汰或代替，一系列新教育模式、方法的应用不但丰富了教育形式和内容，而且体现了学生的学习主体性，推动了学生综合素质的提升。它不仅可以帮助学生在英语学习过程中找到思政与英语之间的联系，还可以帮助学生通过英语学习提升自身的思想觉悟，让学生形成正确的世界观、价值观及人生观。

1.增强学生的学习兴趣

一些高职院校学生的思想水平难以提升的重要原因之一在于他们对思想政治课程缺乏一定的学习兴趣。尽管当前高职院校都将思想政治课程作为学生入学后的必修课程，且配备了专业教师，但由于教学内容多以抽象理论为主，学生的学习兴趣并不浓厚，致使学习成绩不尽如人意、无法学以致用。高职英语与思想政治课程同为必修课，相较而言，高职英语具有教学案例丰富、教学内容灵活多样等多种优势。因此，在英语教学过程中植入思政内容对增强学生学习积极性、主动性有很大的帮助。

2.提升学生英语综合运用能力

高职英语的实践性较强，学生若想更好地提升英语综合运用能力，必然需要在不断的创新与实践活动中逐步达成目标。当前，部分高职英语教师习惯性地采用传统教学模式展开教学，教学方法陈旧，教学内容无法与时俱进，从而导致学生很难将学到的英语知识转换为实际技能。教师在教学过程中植入部分思政元素，能够较好地解决这一问题。首先，思政元素中有很多与时俱进的社会主题，教师将这些内容融入课堂教学之中，能够更加有效地开展教学实践活动，提升活动主题的灵活性，增强活动内容的实际意义。其次，思政元素中包含着引导学生开展创新实践活动的思想内容，将思政元素融入英语课堂之中，则便于帮助学生树立不断创新的意识，对提升学生的实践能力、培养应用型人才有较大的推动作用。

3.提高学生的思想觉悟

英语是一种语言工具，学生学习英语的终极目的不是单纯地掌握某个单词的含义，也不是仅仅能够读懂英语文章，而是要掌握实际运用英语的技巧，这正是"高职英语核心素养"对"语言能力"和"学习能力"的基本要求。除此之外"高职英语核心素养"特别关注"思维品质"和"文化意识"，要求学生在形成良好的思想品格、意志品质的同时，还要了解世界各地的文化差异、认同优秀文化、增强本民族文化自信。因此，将思政元素融入高职英语教学之中，让学生在学习英语的过程中接受思政教育，有助于逐步提高学生的思想觉悟。

三、英语课程思政的可行性

很多英语教师在进行课程思政建设时，总是底气不足，总觉得这件事不可行，建设之事也就不了了之了。其实，在高职院校英语课程中进行课程思政建设不但切实可行，而且具有很多其他课程无法比拟的优势。

（一）英语课程与思想政治教育课程相结合具有可行性

高职院校英语课程与思想政治教育课程皆属于公共基础课程。思想政治教育的元素可丰富高职院校英语课程教学内容，高职院校英语课程与思想政治教育课程相结合是我国本土英语教学创新的方式之一。用英语来表达思想政治教育课程的相关知识点，既能让高职院校学生在英语学习中获得思想觉悟的提升，也能拓展他们英语学习的范围。并且这种本土专业英语概念的学习，有助于高职院校学生提升对外传播我国文化的能力。同时，英语学习可与思想政治学习相互促进。高职院校学生通过英语学习能提升英语表达能力并拓宽眼界，通过思想政治学习能端正学习态度并了解当前时政事件的英语表述方式。此外，高职院校英语课程与思想政治教育课程相互融合的基础是雄厚师资力量的支撑。因此，高职院校英语教师应具备英语学科与思想政治学科两个领域的专业知识，实现二者融合。

（二）英语课时安排有助于思政教育的进行

众所周知，思政教育不是短时间就能看到效果的，高职院校必须对学生进行长期熏陶，在潜移默化中影响学生。高职院校英语课程作为各个高职院校均开设的公共基础必修课，其覆盖面广、课时量大、开课时间长，是其他很多课程都无法比拟的。这样的课时安排不仅有利于教师与学生之间进行持续的思想互动和情感交流，而且有利于对学生进行长期的思想教育，以确保思想教育的连续性和有效性，从而更好地与思政课同向同行，形成协同效应。高职院校英语课程一般在学生刚入学的第一年开设，此时正好是学生世界观、人生观和价值观形成和确立的关键时期，在这一时期对学生进行有效的思想政治教育会有事半功倍的效果。

（三）英语课程内容丰富有助于思政教育的进行

在教学内容上，高职院校英语课程便于思政元素的有机融入以及思政教育的有效开展。高职院校英语课程的教学内容主要体现在教材中，英语教材中所汇集的健康环保知识、职业生涯规划知识等，都为在英语课程中进行思政教育创造了绝佳的条件。可以说，高职院校英语课程完全可以借助其丰富且独有的课程内容，有效提升学生的思辨能力、文化素养和道德修养，实现新时代课程思政教育的育人目标。

四、英语课程思政教学资源开发的原则

（一）与时俱进原则

在课程思政背景下，高职院校英语教学资源开发能够促使新时代高职院校英语学科焕发生机，有利于更好地培养国家建设人才，因此英语课程思政教学资源开发的过程中必须以与时俱进为主要原则。首先，需要针对以前的课程进行客观的评价，按照发展的要求对那些已然不符合社会与学科发展的内容、思想、方法等进行摒弃；其次，应该针对课程思政背景下高职院校英语教学的发展情况，采取有效措施来促使其对当前国家与社会发展的主要情况进行有效的把握，让课程均能够符合国家、社会与大众的需求。

（二）理论与实践相结合原则

从现实的角度来看，课程思政背景下高职院校英语教学资源开发并不是纸上谈兵，而是对英语教学实践及协同育人机制构建的有效体现，也是新时代人们的知识、技能、观念、情感、意志等获得发展的关键所在。所以，课程思政背景下高职院校英语教学资源开发的过程中应该首先让学生对英语、课程思政等方面的知识进行有效的学习，然后在学习的过程中让学生对理论进行质疑和丰富，进而

使这些理论充分融入实践的过程中,让这些理论能够在实践的过程中被有效运用。这样才能够让实践和理论进行有效融合,才能够让课程思政背景下高职院校英语教学资源开发得到有力支撑。

(三)以人为本原则

事实上,不管进行哪种方式的教学,也不管采用什么方法来进行学习,都应该明白教育教学都是以人为中心的,都应该为人服务。课程思政背景下高职院校英语教学资源开发也不例外,虽然形式有所不同,但是最终的本质都是关注人的发展。所以,在课程思政背景下高职院校英语教学资源开发过程中,应该将以人为本的原则贯穿始终。一是必须从学生的基本需求出发。教育是围绕人来确定相关目标和任务的,因此课程思政背景下在高职院校英语教学资源开发的过程中以人为本实际上就是让学生的主体地位得到体现,让课程资源的开发能够围绕学生的发展来进行。二是需要从社会的角度来进行全方位的考虑。这样才能够让英语课程的发展得到社会的认可,让课程资源得到师生的认可,因此课程思政背景下高职院校英语教学资源开发要围绕社会的发展来进行。

五、英语课程思政教学资源开发利用现状

英语课程思政教学资源是指被教育者开发利用的,能够运用于思想政治教育活动中,实现思想政治教育目标的各种要素的总和。近年来,随着课程思政理念的提出,在英语教学中开展思政教育已在逐步推进。俗话说"巧妇难为无米之炊",要进行深入的课程思政教学,必须开发丰富的课程思政教学资源,可称之为践行课程思政的"米"。然而,审视当前英语课程思政教学资源开发利用的过程,我们发现了一些不容忽视的问题。

(一)教学资源开发利用不够系统化

当前英语课程思政教学资源的开发利用存在着碎片化的弊端,课程思政教学资源的开发利用包括开发利用本课程内部的课程思政教学资源、补充高职院校思政教学材料、扩充高职院校思政教育资源等,而在将英语课程体系与课程思政资源体系相契合,开发基于信息网络教学平台的课程思政教学资源、校园文化资源、课程思政实践教学资源等方面,则存在空白的情形。这不利于英语课程思政教学资源的系统化发展,降低了课程思政教学资源的育人价值。

（二）课程过于理论化

当前英语课程思政教学资源的开发与利用存在理论研究多、开发应用少的问题。事实上，推动英语课程思政的实施，需要思政教师与英语教师有效配合，通过集体备课、共同上课来有效打破"孤岛效应"。但是，现有的情形是部分院校英语教师处于"单兵作战"的状态，在开发英语课程思政教学资源时只能是从"理论到理论"，未能真正对接高职院校学生的生活世界、思想世界，导致思想政治教育因脱离实际而陷入理论的"泥潭"。

（三）教师思政教学意识薄弱

传统的高职院校英语教学的重点在于向学生传授语言技能，帮助学生提升听、说、读、写、译等能力。目前，部分英语教师在教学实践中仍然把重心放在英语的"工具性"和"技术性"功能上，忽略了英语的人文性特征。要在英语教学中融入思政元素，就要求教师对原有的教学框架进行一定的调整。但在实际操作过程中，面对教学模式、教学内容、教学评价等方面的变动，教师容易出现主观意愿不强的情况。与专业思政教师相比，英语教师的思政理论储备大多不足，开展思政教学的意识和能力也会相对较弱，这些都直接影响到英语课程思政教学资源的实际应用。

（四）教材缺乏思政元素

在高职院校英语教学中，阻碍思政元素融入的重要因素之一是教材的选择和使用。纵观高职院校英语教材的各类版本，虽然其拥有多样化的主题，涉及生活、经济、科技、文化、教育等众多方面，有利于增加学生的知识储备和提高学生的语言应用能力，但存在重语言和能力、轻思想和品格的问题。另外，教材中所选取的文章多出自英、美本土作者之手，较少涉及我国的历史及文化，在汲取世界文化的同时，未兼顾本民族优秀文化的学习与传承，不利于培养学生的文化认同感。教材是教学内容的主要载体，怎样挖掘现有教材中的思政元素或在教材建设的过程中融入思政元素是值得思考和探索的问题。

（五）课程思政教学理念缺乏教学实践

英语课程思政教学资源的开发利用，不仅仅要求学生"知其所以然"，更为重要的是，引导学生在具体的生活、学习和工作中践行，使各种有益的行为像空气一样，无处不在、无时不有。因此，英语课程思政教育就是一种养成教育。

然而，由于英语课程教学受时间和空间的限制，课程思政教学理念在践行中面临知识传授多、实际实践少、输入多、输出少的困境，局限于课堂内部的教学仅解决了高职院校学生思想认知的问题，更为重要的行为外化问题却未能得到妥善解决。

六、英语课程思政教学资源开发路径

（一）从学校入手

"蓬生麻中，不扶而直；白沙在涅，与之俱黑"说的是环境对人的影响作用。由于学生大多数时间生活在学校，所以课程思政背景下高职院校英语教学资源开发者应该高度关注学校良好氛围的构建。实践证明，良好的学校环境、学校氛围能够使学生在成长的过程中充分发挥其主动、探究的作用，让学生充分调动自身的学习主动性、努力学习、提升技能。反之如果一所学校的校风、校貌不好，就会影响学生的学习主动性，增加培养更多的优秀人才的难度。鉴于这种情况，在现代教育教学的课程思政背景下，高职院校英语教学资源开发需要学校积极构建良好的氛围，让广大师生均浸润在课程思政的环境中，从而积极主动地去寻找和开发教育教学资源。首先，学校应该主动承担组织重任，积极组织各种关于课程思政与高职院校英语课程资源开发的活动，并促使广大师生在多样化的活动之中分享课程资源开发的经验，根据具体情况提出有效的建议，然后在不断总结的情况下为高职院校英语课程资源开发提供组织保障，有效促进各级教育机构构建"三位一体"的育人机制。其次，学校应该主动承担制度构建重任，积极制定课程思政背景下高职院校英语教学资源开发的规章制度，让各级学校的广大师生均以合理的规章制度为依据参与到课程资源开发的过程中，这样才能够让教师和学生在学校这一平台进行技能和思想品质的提升。

（二）从课堂入手

开发利用课程思政教学资源，关键在于利用好课堂的主渠道、主阵地。教师要整合高职院校英语教学资源和课程思政教学资源，将课程思政教学资源转化为课堂优质教学资源，确保高职院校英语课堂教学的专业培养和价值引导作用，让课程思政背景下的英语课堂成为学生真心喜爱、终身受益的课堂。对此，教师要善于挖掘整合课程思政教学资源，在坚持能力本位、以学生为主体的理念下，适当融入中华优秀传统文化，对教材所涉及的英美文化内容进行"翻新"和"改造"，使其成为课程思政教学资源的重要组成部分，进而培养学生的跨文化意识，推动课程思政教学资源的系统化、体系化。教师要创新课程思政教学资源开发利用的方法，针对高职院校学生专业水平不高、对思政课不感兴趣的问题，要创新教学模式，积极采用参与式、讨论式、混合式等教学模式，激发学生参与课堂教学的兴趣和动力，使课程思政教学资源通过语言文化的认知学习潜移默化地影响学生的思想品德和行为规范。

（三）从教材入手

"课程思政"理念与高职院校英语教学之间的融合还不够紧密的主要原因是高职院校所使用的英语教材没有丰富的思政教育内容，很多教师即使想要在课堂上开展思政教育，也常常出现无从下手的情况。针对这一问题，高职院校英语教师必须提高课堂上的思政教育能力，将互联网技术有效运用起来，为学生拓展教学内容，并对教学手段不断进行优化。教材内容能够为教师在课堂上引入思政理念提供一定的条件。英语教学是语言教学，同时也是文化教学，语言变异是社会语言学中的一个重要概念。在教材内容与思政元素融合的过程中，教师要让学生深刻领会学习语言不仅是为了学习外国的语言文化，更重要的是为了使用英语讲好中国故事，同时教师要引导学生辩证地对待中西方文化、坚定文化自信、实现文化自强。例如，当教材中出现与西方节日相关的内容时，教师就可以在为学生介绍完西方节日后对我国传统节日进行介绍，并且在介绍西方制度和文化时可对比我国的制度和文化，通过这样的方式让教材中缺少的思政内容得到拓展，避免学生在西方文化的思潮中迷失方向。同时，教师也可以为学生准备一些具有思政思想的图片和视频，并利用多媒体向学生展示，使学生在对课程内容形成清晰的认识后获得更强的文化自信。

（四）从教师入手

首先，提高教师的认知能力。教师的认知能力关系着课程思政背景下高职院校英语教学资源开发的效果，针对当前教师对课程思政资源开发不足的问题，学校应该从提升教师的认知能力出发，这样才能够解决实质性的问题。比如，召开教师培训会，加强教师关于课程思政资源开发的学习和交流，让教师的认知能力得到提升，让教师对我国的国家政策有更为全面的了解，这样才能够对课程思政背景下高职院校英语教学资源的开发起到有效的推动作用。其次，教师自身要提高思政意识，不断加强思想政治教育学习，始终坚守自己的初心，牢记肩头的使命，力求在教育的岗位上充分发挥自身的价值。教师是课程思政背景下高职院校英语教学资源开发的主要引导者，教师的思政意识的高低直接关系着教学效果的好坏。因此提升教师的思政意识，让其在教学的过程中协同育人，在一定程度上促进了课程思政背景下高职院校英语教学资源开发的有效进行。最后，教师应该在教育教学的过程中采用有效的方法将思政意识充分融入人才培养的过程中，引导学生成为全面发展的人。使用有效的教学引导方法是课程思政背景下高职院校英语教学资源开发的前提，作为引导者的教师应该对引导方法进行全面更新，对学生进行多元化的引导，以实现课程思政背景下高职院校英语教学资源的有效开发。

（五）从学生入手

第一，辩证地看待思潮的多元化。思潮多元化固然能够促使思想意识、文化创作、教育教学等方面的多元化发展，但是在多元化的思潮中学生更应该始终坚持社会主义核心价值观，始终将"三观"教育牢记在心中，从而尽可能地避免在意识方面出现问题。为此，课程思政背景下高职院校英语教学资源开发应该从思想认识上进行宣传、加强，以提升学生对党和国家的政治认同感，从而促使学生实现思想认同。

第二，与时俱进更新思想观念。当前课程思政背景下在高职院校英语教学资源开发的过程中，学生应该客观地看待本民族的政治、经济、文化，并积极主动地参与课程思政资源的开发过程，让自身的基本思想意识得到有效提升，促进思想认同的生成。

（六）从实践入手

课程思政背景下的高职院校英语作为一种教学资源，必须彰显其在实际教学中的价值。对于高职院校英语课程思政教学资源而言，它必须针对学生存在的思想困惑、价值困惑、情感困惑、成长困惑等给予充分的解答，以帮助学生形成正确的世界观、人生观和价值观。具体到高职院校英语课程思政教学资源的开发利用层面，也是强调学生如何"内化于心、外化于行"，实现知行合一的培养目标。俗话说："纸上得来终觉浅，绝知此事要躬行。"高职院校英语课程思政教学资源的开发利用不能陷入"理论化"的泥潭，而应该彰显其实践本质，只有这样才能有效克服思政教育"说教式""灌输式"的弊端。对此，教师要大力发挥"第二课堂"的作用，引导学生通过英语演讲、英语辩论、英语翻译等实践活动，践行社会主义核心价值观。教师要引导学生走出校门，让学生到爱国主义教育基地、红色文化基地、乡村振兴基地等进行社会调查，亲身体验课程思政教学资源中蕴含的精神，进而激荡学生的心灵，塑造学生高尚的情操，在潜移默化中使学生受到思想政治教育。

第二节　中国传统文化资源的开发与应用

中国传统文化源远流长、博大精深，是几千年来中国人民所创造的物质财富与精神财富的集合，对当下中国人的思想观念与思维方式依然产生重要影响。党和国家领导人多次强调继承和发扬中华优秀传统文化的重要意义，人们在践行社会主义核心价值观的同时也应该积极发扬中国传统文化。中国传统文化内涵丰富、形式多样，包括哲学、史学、文学、语言和艺术等。

一、中国传统文化融入高职英语教学的必要性

（一）文化发展的需要

中国传统文化历史悠久，但不会故步自封。它一直在吸取新鲜的血液，保持着旺盛的生命力。沉淀赋予中国传统文化厚重的内涵，让它博大而精深；持续的旺盛生命力又让它生机勃勃，充满青春的气息。作为中国人，我们有义务将中国传统文化传承下去。作为英语教师，我们更要坚守信念，在传授知识的同时，将中国传统文化融入课堂，让我们的青年人在接受英语国家文化的同时，主动了解中国传统文化，了解中国传统文化独特的内涵、优秀的品质和深厚的底蕴。历史沉淀赋予了中国传统文化独有的自然魅力。作为中国人，高职学生普遍对中国传统文化怀有深深的敬意和强烈的好奇心。在英语课堂上，中国传统文化元素能够吸引学生注意，使课堂氛围更加轻松，这样课堂效果也会更好。因此，中国传统文化的发展需要中国传统文化的传播，而中国传统文化的传播需要无数青年人的努力，高职学生就在其中起着非常重要的作用。

（二）文化输入与输出的需要

如今，部分高职院校教师在英语教学中融入了文化教学，但是这种文化教学更多是针对目的语而言的，忽视了中国传统文化在英语教学中的输入，这导致学生无法使用英语输出我国传统文化，阻碍了高职学生跨文化交际能力的提高。文化学习中，输出和输入是同等重要的，没有文化输出就会变成单方面的文化引进，这对于当前国家迫切希望提高国家文化软实力是不利的。出现中国文化"失语"现象主要就是因为中国文化输入不够、输出困难，学生无法完成跨文化交际的任

务。学生不应为了学英语而学英语，语言学习的最终目的是使用。跨文化交际的双向性则决定了文化教学中应兼顾本民族文化和目的语文化，如今的高职英语教学注重对英语国家文化的输入，而忽视了对中国传统文化的输出。针对这一情况，教师要遵循实际性、适当性和层次性的原则，在日常英语教学中注意文化内容的重新调整，适当增加我国传统文化内容，帮助学生理解我国传统文化的内涵，稳固我国传统文化的地位，最终实现文化双向交流。

（三）课程性质的需要

《高等职业教育专科英语课程标准（2021年版）》指出："高等职业教育专科英语课程全面贯彻党的教育方针，落实立德树人根本任务，……旨在培养学生学习英语和应用英语的能力，为学生未来继续学习和终身发展奠定良好的英语基础。"从教学内容来看，高职英语教学的重要内容之一是英语应用技能的培养。而随着改革开放的不断深入，中国以越来越重要的大国身份出现在世界舞台上，外界对于中国传统文化越来越感兴趣，这就要求高职英语教育应当着力培养学生的语言交际能力，将英语这门语言课程与中国传统文化的学习相结合，使学生能够将英语知识应用到真实的语境中去。所以结合高职英语课程的教学要求和新时期中国发展的时代需求，中国传统文化应当融入高职英语日常教学中。

（四）高等教育的必然要求

我们需要进一步明确中国传统文化在高职学生教育中的重要地位。有专家表示，中国传统文化教育的缺失，以及西方自由主义文化的不断渗入，使得越来越多的学生对传统美德认识不清，出现了所谓的狭义"个人主义""自由主义"。更有甚者，部分学生是非不分，缺乏基本的公共道德和社会礼仪。因此，对高职学生进行中国传统文化的传承和弘扬教育在高职英语课堂上显得尤为重要。中国传统文化的传播可以增强高职学生的民族意识和爱国主义情怀，以学生明白易懂的方式传播中国传统文化，更有利于学生理解并践行社会主义核心价值观，从而提高学生的道德素质。高职学生作为中国未来的接班人，是社会主义建设非常重要的一分子，对其进行道德培育的重要性堪比铸造中国的脊梁。引导学生感受中国传统文化的巨大魅力、汲取中国传统文化的精髓，是民族文化传承的内在要求，是提高学生自身道德素质的文化需求。

（五）课程思政教育改革的需要

课程思政把"立德树人"作为教育的根本任务，本质上还是一种教育。对于高职英语课程而言，高职英语教学过程中加入我国优秀传统文化元素，有助于高职英语课程兼具英语学习的工具性和人文性。在高职英语课程思政教学过程中，学生能够掌握我国优秀传统文化知识，通过课堂讲解和练习，能够使用英语进行有效输出。同时，在了解我国传统文化的过程中，学生积累的传统文化知识增多，也有助于使其增强文化自信。所以高职英语课程中融入中国传统文化也是课程思政教育改革的需要。

（六）国际形势和国家发展的需要

经济全球化对未来的人才提出了新的要求。英语教学更应该注重培养高职学生的国际视野和跨文化交际的能力。中国改革开放的稳步推进和持续发展对大学生教育提出了更高的要求，高等教育中的英语教学应该满足社会需求，培养更多的高素质人才。

世界上大部分的顶级期刊及众多国际会议都是用英语交流的。作为国际通用语，英语的地位目前不可撼动。作为国际交流的重要工具，英语在"一带一路"倡议的发展进程中也起到了重要的沟通作用。为使中国政治、经济、文化、科技顺利"走出去"，中国传统文化必须被自己人熟知，进而才能被我们用英语讲给全世界。因此，熟悉并掌握中国传统文化，是大学生讲好中国故事的前提和基础，也是中国学生应必备的素质。

学生在很多交流场合都可能需要讲述中国故事，只有非常熟悉中国传统文化，才能用合适的英语语句完整表述中国故事的内涵。面对新的国际形势，为满足国家对高素质人才的需要，英语教学需慎重对待这一新的挑战，更注重学生的跨文化交际能力的培养。而中国传统文化是学生跨文化交际的前提和文化基石，是重中之重。

二、中国传统文化在英语教学中的应用现状

（一）英语教学忽视本土文化

大部分高职院校的高职英语课程侧重介绍英语国家的文化概况、文学作品、风土人情等，而与中国传统文化相关的诗词、书法、戏曲、绘画等未形成密切联系，并且与学生的实际生活相脱离，这削弱了高职英语的实用性，导致学生无法使用英语准确表达传统文化的内容。现阶段，高职院校所使用的教材中的课文大部分为英美国家文学作品或相关报道等，反映的是英美国家的文化与价值观，突出了英美国家文化在英语教学中的重要性，但其中所涉及的中国传统文化不但数

量较少，而且不成体系。这种教材的编写模式虽然有利于学生了解英美国家的文化，提升学生学习英语的兴趣，但在一定程度上弱化了学生对中国传统文化的认同感，导致高职英语课程中中西方文化的失衡。

（二）英语教学大纲及教材中缺少传统文化知识

我国现行英语教学大纲及教材与我国传统文化的联系不够密切。科学合理的教学指导应确立学生的主体地位，教师应根据实际教学情况，结合学生的发展需求来设定合适的教学任务和目标。与此同时，指导思想还需关注中西文化内在的不同，如民族文化、价值引领等的不同。如今的英语教学大纲主要是针对英语教学目标、教学方法和教学手段，以及具体教学内容，而没有体现出对中国优秀传统文化融入的重视。除此之外，相关英语教材中也很少有传统文化内容出现。这在很大程度上成为传统文化难以导入英语课堂的关键。

（三）教学方法落后

当前，高职院校英语教学在中国传统文化渗透和跨文化交际能力培养方面，存在教学方法滞后的问题。一些教师对于有关方面的教学方法掌握不足，从而导致相应的教学效果较差。尤其是在中国传统文化渗透方面，教师需要进行方法创新，需要循序渐进才能达到预期目标，且在这一过程中，学生需要通过感受、感知、感觉才能做到文化积累和自我提升。当前的教学方法过于注重理论知识，对于文化渗透方面涉及较少，从而导致一些学生虽然英语的听、说、读、写能力较强，但对其认识不足且应用意愿较低，从而出现了一种"为了学习而学习"的"怪现象"，不利于学生日后对英语知识的使用。

（四）中国文化"失语"现象突出

近年来，西方节日文化充斥着校园，学生对西方文化如数家珍，能够用英语流利地介绍"汉堡""薯条""披萨"等西方美食，但对于我国的传统文化知之甚少。很多学生不知道如何使用英语介绍我国的"四大发明""四大文学名著"，这在一定程度上导致中国传统文化出现"失语"现象，使学生的跨文化交流能力失衡，不利于我国"文化自信"战略的实施。

（五）教师文化素质有待提高

随着教育改革的不断深入，高职英语教学边缘化现象逐渐严重，表现为相关教师文化素质及国学素养不足、教育目的不明确等。在传统高职英语教学中，教师占据主体地位，而学生往往处于被动接受的学习状态。教师大多采用以示范性为主的教学方式，一味地强调英语学科知识水平提升的重要性，忽视了英语课程内在的文化底蕴部分的传授，使中国传统文化内容的融入被进一步弱化。这种教学方式过于单一，缺乏教学与现实生活的相互联系，使师生之间的交流无法得到保证，极大地限制了学生的主观能动性的发挥。与此同时，教师教学观念的落后导致学生对英语课堂中传统文化的深入学习兴趣普遍较低，对传统文化继承与发扬的重视严重不足，这些都阻碍了高职英语教学与传统文化的融合。

（六）学生兴趣不足

在高职院校英语教学工作的开展中，学生属于服务主体，在有关方面的学习兴趣和认识，直接影响实际的教学效果。高职院校依然以专业课程为主，对英语课程的重视不足，导致学生对英语课程的重视不够。加之在实际应聘和工作之中，用人单位对学生的英语水平要求也相对较低，主要关注学生的专业能力，从而使学生英语学习兴趣越发不足。还有一点，则是由于教师在英语教学过程中采取的模式较为单调，主要采用传统的"你讲我听"的模式，对于相关的理论知识较为关注，缺乏相应的趣味性活动，从而导致学生对于英语学习的激情不足。甚至还有学生对英语的认识存在偏差，认为学习英语"无用"，从而对英语产生抵制情绪，弱化了英语学习效果。

三、中国传统文化融入英语教学的意义

（一）提高学生的跨文化交际能力

高职英语课程的教学目标在于培养学生对英语的应用能力与跨文化交往意识，从传统的单一语言培养转变为语言训练与跨文化交往并重。教师在高职院校的英语教学中不仅需要引导学生认识英美国家文化，更要积极收集以中国传统文化为载体的教学内容，使学生能够熟练地使用英语表达我国传统文化与民俗特色，科学、客观地对待两种文化的差异，汲取与借鉴英美文化的优点，实现语言教学与文化育人的有效融合，在跨文化交往过程中扮演好中外人文交流的"传播者"与"促进者"的角色。

一些教师没有认识到高职院校英语教学中关于培养和提高学生文化品格素养的要求，对跨文化交际能力素养的认识也不够，在教学中较少涉及中国传统文化内容。引入中国传统文化有利于学生更好地了解中西方文化，对比中西方文化的差异，增强学生民族自信心、自豪感和认同感，在此背景下学生跨文化交际能力更容易提高。

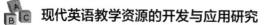

（二）提高学生对中国文化的认识

在高职院校英语教学中引入中国传统文化，是中国高等教育中对英语教学的要求，有利于学生在学习英语时感受中国文化的魅力、认识中国文化在世界上的影响力，能够促进学生积极传播中国文化。

（三）发扬和传承中国文化

随着经济全球化的快速发展，英语不再是一种语言工具，更具有传播文化、促进跨文化交际的功能，文化载体属性越来越鲜明。高职院校肩负着履行社会服务职能、弘扬社会主义核心价值观的重要使命，讲好中国故事、传播文化之声已经成为高职院校英语教学的重要任务。在高职院校英语教学中融入我国传统文化既有利于引导学生构建中国文化体系，使学生系统性地认知传统文化的博大精深，提升自身的综合文化素养，也有利于学生向世界传播我国的优秀传统文化，从国内与国际两个层面发扬中国文化，推动中国文化走出国门、走向世界。

（四）增强学生文化自信

少年强则国强，今日之责任，少年义不容辞。英语教师在课堂教学中，恰当地对中国传统文化进行输入，将潜移默化地增强高职学生对本国文化的自信。高职学生是社会主义的建设者和接班人，其对中国传统文化的认同与喜爱必不可少。只有将传统文化引入英语教学，让学生在中西文化对比的情境下更加全面地认识中华民族，才更容易激发高职学生的民族自豪感，培养其爱国主义精神，从而将中国传统文化发扬光大。

（五）提升学生英语学习的兴趣

在传统的高职英语教学过程中，教师往往重视对西方历史及文化知识的讲授，而对我国传统文化的引入明显不足。长此以往，由于我国高职学生对西方国家相对陌生，学生在英语学习方面极易产生畏难心理，这不利于学生后续的英语学习和发展。不仅如此，从高职学生学习英语的方式来看，大部分学生仍以死记硬背的方式进行单词、语法学习，学习效果往往差强人意。所以，相关教师应善于将中国传统文化引入英语课堂，拉近学生与英语的距离，有效提升学生的英语学习兴趣。

（六）化解中国文化"失语"的现象

目前，高职院校的英语教学并未有效地融入中国传统文化，往往忽视神话传说、文学典故、民风民俗等独具中国特色的文化内容，导致学生在跨文化交往中存在"重英语、轻母语""重西方、轻本土"的问题，在一定程度上造成中国文化"失语"的局面，致使许多能够熟练应用英语的中国学生难以向西方国家展现中国传统文化的博大精深与自身独立的文化人格。在高职院校英语教学中融入传统文化，能够有效促使学生进行文化积淀，有利于化解中国文化"失语"的现象，为日后的跨文化交往活动奠定了基础。

四、中国传统文化融入高职英语教学的措施

（一）文化知识与语言知识结合

强化认知教育是传承传统文化的核心。英语教学是学生了解西方文化、认识中国传统文化的直接途径。高职院校应处理好文化育人与语言教学的关系，将文化育人寓于语言教学之中，使两者在课堂教学中统一起来。换言之，英语教师应将教学重点从语法和词汇的讲解转化为文化知识与语言知识的融合，在讲解语法和词汇时向学生"输出"中国传统文化的内容。需要注意的是，文化知识与语言知识的融合应把握适度原则，加入的中国传统文化内容应与英语教学具有一定的关联性，同时也要与高职学生的身份相适应，这样才可以利用中国传统文化的内容丰富语言教学的形式。此外，英语教师还需把握循序渐进的原则，将中国传统文化从易到难、从简到繁地融入英语教学的全过程，并合理地增加一些课堂互动环节。

（二）加强中西文化对比教学

教师应注重培养学生的中西文化对比意识，从而提高其跨文化交际能力。所谓"知己知彼"，就是要在了解母语文化的同时，了解他国语言文化，只有双方平等交流，才能更加完美地扮演文化输出者与文化输入者的角色。学生的跨文化交际能力，需要以深厚的母语文化为基础。在高职英语教学中，教师可利用中国传统文化的融入，使学生直面中西文化差异，有意提高学生对中西文化的对比意识。例如，教师以中西婚俗文化、中西餐饮文化、中西节日文化等内容为主题，让学生通过查阅资料进行对比，最终以小组合作的形式进行成果展示，在保证学生课堂参与度的前提下，提高学生的跨文化交际能力。

（三）丰富教学方式

除传统的课堂教学外，网络教学也是英语教学的重要途径。英语教师应充分

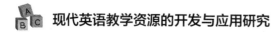

利用微信、QQ 等网络平台，扩大传统文化的传播范围。例如，可将《论语》《诗经》中较为易懂的章节上传至群共享，安排学生自行阅读并翻译，最后让学生通过网络平台提交译文，以鼓励学生自主学习中华文化。此外，组织社团活动、举办以传统文化为主题的英语演讲比赛等都是传播传统文化的有效途径，教师将其与课堂教学和网络教学相结合，能够达到事半功倍的效果。

（四）导入传统文化英语资源

现行的部分高职英语教材中缺少甚至是没有与中华优秀传统文化相关的语篇，所以，我们可以在教材中适当引入一些相关语篇，以文化介绍为背景，阐述优秀传统文化内涵。例如，在教材中编入地方发展历史内容，形成有特色的校本课程，让学生在学习英语时能够了解本地优秀文化，这对之后的文化输出能够起到一定的促进作用。

网络英语文章更新快、篇幅短、内容丰富，并且贴近社会热点和生活实际，能够作为高职英语教材的有效补充。英语教师在使用教材的同时，可根据实际教学需要搜集、整理网络英语文章，在丰富英语教学中的文化元素的同时帮助学生开拓思维。目前，国内已建立多个公开的英文报刊网站，其中不乏呈现中国传统文化的美文与报道，体现出中华民族优秀的人文精神，能够对学生产生积极影响。

（五）提高教师综合文化素质

教师在学生整个学习过程中发挥着十分重要的作用。教师所具有的授课能力、综合素养等会直接决定学生所能够取得的学习成效。因此，要想将中国传统文化充分有效引入高职英语教学中，首先，教师需要对自身的传统文化知识理解水平进行提高。其次，教师在实际英语教学工作中应对学生的学习能力等方面的培养予以重视，针对中国传统文化内容采用多样化的教学方法让学生进行理解和吸收，这要求教师要具有较高的教学能力和综合素质，也需要教师对自身知识面进行不断拓展，促进自身能力的提升。

（六）进行文化实践拓展

高职英语教师应善于开设文化实践拓展课堂，从而激发学生的学习兴趣。教师应给予学生充分的交流时间，开展即兴发言、专题讨论、辩论演讲等教学活动，将中华优秀传统文化巧妙地融入其中，在提高学生口语交际能力的同时，保证传统文化的有效传承。

（七）加快英语课程思政建设

在高职英语教学过程中，目的语文化的学习要与本土文化的学习齐头并进，这样才能使学生客观、辩证地看待和吸收西方文化，更加了解中国文化，树立文化自觉意识，从而在跨文化交际中真正做到平等交流、相互尊重。高职英语课程的课程思政建设也要求英语教师提高其思想政治理论素养，挖掘高职英语教材中的思政元素，结合学生特点制订教学计划。中华优秀传统文化就是不可或缺的思政元素之一。例如，在讲到语言在我们生活中的应用时，教师可以引入汉字的由来与发展。我们经常说中华文化博大精深，在对高职英语课程进行课程思政建设时我们也应该选取传统文化精华传递给学生。

参 考 文 献

［1］程晓堂，赵思奇. 英语学科核心素养的实质内涵［J］. 课程·教材·教法，2016，36（5）：79-86.

［2］蔡基刚. 再论我国大学英语教学发展方向：通用英语和学术英语［J］. 浙江大学学报（人文社会科学版），2015，45（4）：83-93.

［3］文秋芳. 大学英语教学中通用英语与专用英语之争：问题与对策［J］. 外语与外语教学，2014（1）：1-8.

［4］王守仁. 坚持科学的大学英语教学改革观［J］. 外语界，2013（6）：9-13.

［5］刘晓民. 论大学英语教学思辨能力培养模式构建［J］. 外语界，2013（5）：59-66.

［6］束定芳. 关于我国外语教育规划与布局的思考［J］. 外语教学与研究，2013，45（3）：426-435.

［7］郑大湖，戴炜华. 我国高校双语教学研究十年：回顾与展望［J］. 外语界，2013（1）：54-61.

［8］蔡基刚，廖雷朝. 学术英语还是专业英语：我国大学 ESP 教学重新定位思考［J］. 外语教学，2010，31（6）：47-50.

［9］程晓堂，孙晓慧. 中国英语教师教育与专业发展面临的问题与挑战［J］. 外语教学理论与实践，2010（3）：1-6.

［10］蔡慧萍，方琰. 英语写作教学现状调查与分析［J］. 外语与外语教学，2006（9）：21-24.

［11］王佳丽. 二语习得理论对英语专业口语教学的启示［J］. 外语与外语教学，2006（6）：30-32.

［12］范连义，曩洪汉. 大学非英语专业英语语音教学实践调查报告［J］. 西安外国语学院学报，2005（4）：22-24.

［13］贾爱武. 外语教师教育与专业发展研究综述［J］. 外语界，2005（1）：61-66.

［14］濮建忠. 英语词汇教学中的类联接、搭配及词块［J］. 外语教学与研究，2003（6）：438-445.

［15］程月芳，马广惠，董娟. 大学英语学习和教学中的语言学习策略问题［J］. 外语界，2003（2）：47-54.

［16］项茂英. 情感因素对大学英语教学的影响：理论与实证研究［J］. 外语与外语教学，2003（3）：23-26.

［17］戴炜栋. 构建具有中国特色的英语教学"一条龙"体系［J］. 外语教学与研究，2001（5）：322-327.

［18］朱珊珊. 任务型教学法在高中英语口语教学中的应用调查研究［D］. 济南：山东师范大学，2014.

［19］顾世民. 促进大学英语自主学习的课程因素研究［D］. 上海：上海外国语大学，2013.

［20］方雪晴. 大学英语教师课堂动机策略研究：以上海地区部分高校为例［D］. 上海：上海外国语大学，2012.

［21］何明霞. 基于网络环境的大学英语自主学习监控理论与实践研究［D］. 上海：上海外国语大学，2012.

［22］吴文. 英语教学生态模式研究［D］. 重庆：西南大学，2012.

［23］崔雅萍. 多元学习理论视域下大学生英语自主学习能力可持续发展研究［D］. 上海：上海外国语大学，2012.

［24］周启加. 基础教育英语教师教学能力及其发展研究［D］. 上海：上海外国语大学，2012.

［25］陈荣. 英语词汇教学的认知语境研究［D］. 重庆：西南大学，2011.

［26］匡芳涛. 英语专业词汇教学研究：基于范畴化理论的探索［D］. 重庆：西南大学，2010.

［27］马冬虹. 外语教学中文化因素研究［D］. 上海：上海外国语大学，2007.

［28］袁春艳. 当代国际外语教学法发展研究［D］. 南京：南京师范大学，2006.